中外教育家的故事

兼論在教師專業與教學輔導教師制度的啟示

張德銳　著

五南圖書出版公司 印行

周愚文教授序

　　師資培育機構如何培育出一位好的中小學教師，西方從十九世紀起，關注的重點，從對於教師學歷要求的角度觀之，是逐步從相當高中程度，提高至專科、大學學士程度，再提升到碩士程度。從教師社會化的角度觀之，是從師資職前教育的階段，至二十世紀時逐漸延伸到教師在職進修階段，更進而注意到新進初任教師的實習導入階段。

　　至於理想教師的圖像，如中國唐朝韓愈主張師者是「傳道、授業、解惑」，或現代西方學界則提倡的教師專業，看似分歧，但是有其共通的內涵。目前許多國家提倡的教師專業標準，其內涵大致都包括從事教師工作所需的專業知識與專業技能，但是對於教師是否需具備專業精神或專業態度，則有不同的看法，除我國外，只有少數西方國家會強調之。然而，在我國始終認為好老師，除應是「經師」外，更應為「人師」。換言之，教師除具備專業知識與技能外，更應當有教育專業精神；亦即，除了理性能力外，更要具有感性與教育熱忱。目前我國所倡導的教師專業素養，其內涵即包括專業知識、專業技能與專業態度三面向。而「素養」的定義，也與十二年國民基本教育提倡素養導向課程中素養的定義是一致的。

　　既然教師專業精神或態度，對於未來成為好教師十分重要，該如何去培養，則一直是國內外師資培育工作中的難題。目前已有的做法，或是透過史懷哲計畫或專業服務學習活動，讓師資生從實際活動

中體驗與養成；或是大力倡導「教育愛」的觀念，讓學生了解其意義與實踐；或者透過中西教育史或教育哲學相關課程，讓學生了解中外偉大教育家的生平事蹟，以激發其效法之心。就最後一種方法而言，產生時間甚早，在西方十九世紀後期所出版的教育史教科書中，就會介紹許多重要教育家及其教育思想。然而，此一做法，在強調實用（務）取向、學校本位及標準本位師培課程風潮興起後，漸趨沒落而被忽視。連帶師資生專業精神的養成，一直無法有明顯的成效。

然而，道德典範學習，一直是道德教育中重要的方法，例如：在中國傳統中，《列女傳》或《二十四孝》等書，一直是採此種方法而未墜，透過典範人物的生平故事，提供男女學子學習效法。

本書作者根據自己過去親身經驗，今重新選擇中西近現代教育史上各六位重要教育家，分別敘述其生平、重要教育事蹟與思想，再進一步揭示其值得學習借鑑處，以及對於「教學輔導教師制度」的啟示，既有時代意義，也與古人想法若合符節。與其長篇大論敘述抽象、深奧的教育理論，不如由具體的教育人物故事出發，激發學生熱忱，進而有學為「第一等教師」之志。

除此之外，作者長期致力「教師專業」課題的研究與教學，默默引介及持續推動「教學輔導教師制度」，推動初任教師導入及在職教師專業成長的工作，令人感佩。而本書透過十二位人物個案的反思，更可逐漸充實「教學輔導教師制度」的內涵，對於建構更豐富完整的理論架構，亦當有所助益。

周愚文

謹識於國立臺灣師範大學教育學系
中華民國 109 年 1 月 22 日

自 序

　　筆者自小即喜歡文史，尤其是傳記式的文學更爲所愛。及長，雖然主修教育行政，但平素仍愛讀教育家的故事。這幾年深感教育政治化及世俗化之弊，實有必要從教育家的觀點，擷取他們的人生經驗與智慧結晶，效法他們的行爲典範，以爲我國教育界的針砭。

　　另筆者近二、三十年來的研究與推廣工作，主要聚焦在「教師專業」這一個主軸上，因爲本人堅信專業才是教師的唯一生存和發展之道。然我國中小學教師專業一直仍處於半專業的地位，這是吾輩必須深思和努力的地方。

　　在提升教師專業上，筆者有幸參與我國教學輔導教師制度的規劃與推動工作。「教學輔導教師制度」係歐美先進國家一個被普遍推展的實務，用以有效實施初任教師導入輔導並促進資深教師專業成長。筆者在第二次負笈美國求學取經時，實際見識並深深感受到教學輔導教師制度的運作與功能，乃發願在國內加以引進和推廣。

　　就在這樣的一個背景下，筆者乃選取了以近現代教育家爲主的國內外十二位教育家，簡述其生平事蹟與教育學說，然後論述其在教師專業與教學輔導教師制度上的啟示，期盼對於我國的教育發展與革新略盡棉薄之力。

由於本書的閱讀對象主要是中小學教師，所以本書不採學術性的論述，而以較通俗的筆調和教育界同儕及中小學教師分享。惟因筆者非教育史學家出身，書中所秉持的觀點無法廣博深入，且不一定正確明智，還請各位先進不吝指正。

　　本書得以問世，要感謝周愚文教授、張芬芬教授、丁一顧教授的審稿並提供修正意見。臺北市西湖國中退休校長劉榮嫦女士協助潤飾文稿，何宥萱助理協助校稿，五南圖書出版公司願意出版本書，敬表謝忱。

臺北市立大學、輔仁大學退休教授

張德銳 謹識

中華民國 109 年 5 月 22 日

目　錄

Contents

目　錄

Contents

1

王陽明 三不朽的教育家

王陽明先生是一位中國教育史上立德、立言、立功三不朽的教育家,他不僅在學為聖賢上為中國人立下榜樣,而且其所創立的「心學」影響中國及日本甚鉅,在事功上,他是一位清廉的好官又有赫赫戰功;在教育上,他致力書院教育,其教育思想具有時代的創新性,是一位非常值得向他學習的大教育家。

記得在高中國文課本曾讀過王陽明先生的〈教條示龍場諸生〉一文，對於先生在人生最艱困時期，能悟聖人之道，並戮力從事教育工作，甚感敬佩。及長，對於先生「知行合一」之說，亦甚為折服。因此，每次至陽明山後山公園遊覽時，皆會對矗立於公園中的陽明先生銅像鞠躬致敬。現將先生的傳略及教育思想略述於後，其次說明其對教師專業及教學輔導教師（mentor teacher）的啟示。

聰穎過人的童年

　　據王熙元（1999）與鄭吉雄（1990）的記載，王守仁（1472-1528），字伯安，浙江餘姚人，因曾在紹興城外的陽明洞讀書講學，自號陽明子，世稱陽明先生。

　　陽明先生在明憲宗成化八年（1472）生於一個書香世家，幼時聰穎過人，雖五歲時才會說話，但之後即表現「過耳成誦」的智慧，能對祖父王倫平日讀過的書中文句，朗朗上口。11歲時，因父親王華至北平任官，隨祖父移居北平，途經金山寺時，隨興賦出下列兩首七言絕句，可見先生的聰明才智：

> 金山一點大如拳，打破維陽水底天。醉綺妙高臺上月，玉簫
> 吹徹洞龍眠。
> 山近月遠覺月小，便道此山大於月。若人有眼大如天，還見
> 山小月更闊。

學做天下第一等事

　　陽明先生 12 歲時，正式就學於私塾，惟先生才氣縱橫，天性豪放不羈，對於死記硬背的學問並不滿意，有一次他向塾師請教：「什麼是天下第一等事？」塾師答以：「讀書登第」，先生不滿意這個答案並回以：「學做聖賢才是天下第一等事。」可見先生從小就能獨立思考，有異於常人的卓越見解。

　　由於缺乏明師指點聖賢之道，先生轉而學做豪傑之事，15 歲時見北方多事，乃出居庸關，考察山川形勢，慨然有捍衛國土、經略四方之志。17 歲時，奉父命到南昌與諸氏成婚，可就在結婚當日，無意中閒逛進入鐵柱宮，遇一道士，便向其請教養生之道，竟與道士靜坐忘歸，錯過了洞房花燭夜。

　　18 歲時，拜謁理學大儒婁一齋，學習朱熹「格物致知」之學。為了驗證朱熹的學說，有一次他下定決心要窮竹之理，「格」了七天七夜的竹子，什麼都沒有發現，人卻因此病倒了。從此，王陽明對朱熹學說產生懷疑，覺得格物並不是學為聖賢之道，失望之餘，乃將學習興趣轉向辭章之學，與友人組成詩社，終日陶醉於詩歌吟唱之中，繼而又見國家深受外患之苦，乃又將學習重心轉向武藝以及軍事作戰策略。

並不順利的早期官場生涯

陽明先生經多次摸索，仍找不到人生目標之後，便開始定下心來準備科舉考試，21 歲中舉人，然 22 歲和 24 歲時，兩次會試皆不第，幸在 28 歲時（孝宗弘治 12 年，1499）進士及第。先任工部觀政，次任刑部主事，目睹明朝國政日衰、外患頻仍，乃上疏力陳改革意見，惟並未受當朝所重視與採納，失望之餘，乃放情山水與出世之道，於 31 歲時告病還鄉，築室於陽明洞，研究仙佛之道。

在龍場悟道

然礙於親情難捨、人倫難棄，經一番掙扎後，陽明先生還是選擇重新走回儒家的入世之道。33 歲時，再度任官職，擔任兵部主事，準備施展治國治民之術，一抒經世致用的抱負。沒想到一個大災難正悄然地向他襲來。

在陽明先生 35 歲，明武宗正德元年（1506）冬，宦官劉瑾操持朝中的權柄，並逮捕南京給事中戴銑等 20 餘忠直之士入獄。王守仁不顧自身安危，上疏援救，而觸怒了劉瑾，被施打廷杖 40 後，謫貶至貴州龍場當龍場驛驛丞。沿途為了躲避劉瑾派來的刺客，陽明先生還假裝跳水自盡，才逃過一劫。歷經千里跋涉，最後終於來到偏遠蠻荒的瘴癘之地赴任。

陽明先生於正德三年（1508）的春天抵達龍場驛，起初連住的地方都沒有，只能在叢林荊棘中露天而睡，後乃尋洞而居，然就在這

個極端惡劣環境的磨鍊下，先生放下一切，日夜在石棺中靜坐，就在「定、靜、安、慮、得」的功夫下，頓悟到「聖人之道，吾性自足，向之求理於事物者，誤也。」至此他深刻理解到「心即理」的學說，並由此推衍出「致良知」、「知行合一」的心學。

貴州龍場當驛丞的三年貶抑時期，是陽明先生一生最黑暗的時期，卻也是最光明的時刻，此時他不但建立了思想體系，也受貴陽提督副使席元山的尊崇下，為先生修葺「貴陽書院」，並率諸生以師事之禮，聘請先生當主講。此外，先生又命人伐木建造了「龍岡書院」，聚集當地的中原人士以及部落土著講學。在陽明先生的努力下，從此貴州學風開始興盛，而先生的聖人之學也開始流傳。

平順的中期官場生涯

不久，劉瑾因罪被誅殺，王守仁升為江西廬陵縣令，再升南京刑部主事，吏部尚書楊一清改其供職於驗封清吏司主事。此後他屢次升遷，歷任考功清吏司郎中。正德七年（1512），任南京太僕寺少卿。正德九年（1514），時先生 41 歲，改任南京鴻臚寺卿。

在這一段時間，陽明先生的學問已頗負盛名，先生在從事政務的餘暇，心力多用在書院講學。每至一地，從者日多，王陽明的心學乃廣為散布流傳，逐漸成為明朝中葉後的一個重要思想流派，影響中國及日本的教育與政治發展甚巨，例如：日本明治維新的政治家西鄉隆盛（1828-1877）和伊藤博文（1841-1909）皆深深服膺與踐行陽明先生的「致良知」學說。

建立三大事功的晚期官場生涯

　　從武宗正德 11 年（1516），陽明先生 45 歲開始，至他 1528 年逝世爲止，這十餘年間是他思想更圓熟、學說更爲周詳完備的時期，此時他允文允武，從一介書生，搖身一變成爲獨當一面的大統帥。在個人修養上，更進一步達到聖賢的境界，完成他年少時所立的「做天下第一等人」的理想。

　　正德 11 年（1516），先生任都察院左僉都御史，以都御史身分負責巡撫南贛以及福建的汀州和漳州一帶，兩年間剿清了爲患數十年的流寇。其次，在正德 14 年（1519），平定了在江西南昌的寧王宸濠叛亂，使東南半壁江山免於生靈塗炭。最後，在世宗嘉慶六年（1527），時年 56 歲的陽明先生又帶病征服了廣西思田的土酋，不但安定了國家西南邊陲，也爲明朝擴大了版圖。

　　惟陽明先生的成就並不只是在軍事武功而已，他會在平亂之地設立縣治，以利政府治理；建議朝廷以徵收鹽稅的方式，補充軍餉，以減少老百姓的負擔；建立保甲法，以利鄉民守望相助；設立縣學，傳揚中華文化，以開民智。總之，在照顧民生以及長治久安方面，他也頗有建樹。

病逝他鄉

　　由於軍務繁重，加上身體素來羸弱，到了世宗嘉慶七年（1528），時年 57 歲的陽明先生已經走到生命的盡頭了。此時，他

整頓好兩廣的軍、政事務後，便上疏告老返鄉就醫。不幸於當年 11 月 28 日，舟行於江西南安的青龍舖，病逝於旅途之中。彌留之際，其門生問先生有何遺言，陽明先生回以：「此心光明，亦復何言！」

陽明先生的心學

據王熙元（1999）的記載，陽明心學可分為「心即理」、「致良知」、「知行合一」三大綱領。「心即理」是指天下沒有心外之物；人的心是包羅萬象的，其本體為寂然不動的性，而性也是理，也就是天理。是故人的心本然就具有天理的，只待加以引導和開發。這種說法，頗似佛家的一首開悟詩：「我有明珠一顆，久被塵勞關鎖；今朝塵盡光生，照破山河萬朵。」

「致良知」是指人既有辨別是非善惡的潛能，但往往會受到私欲所蒙蔽，而失去了良知的作用。而要恢復良心本體的光明，不能只靠知識傳授，而要著重身心上的體驗與實證，所以特別強調「致」字，也就是行的重要性。

「知行合一」是指：知是行的念頭，行是知的工夫；知是行的開始，行是知的完成。知行二者是不可須臾分離的，否則就不是真知真行。也就是說，知道是非善惡，就要身體力行，才能完成知行一體的功能。

陽明先生的學生錢緒山，曾將陽明先生的心學，總結為一首偈語：「無善無惡是心之體，有善有惡是意之動，知善知惡是良知，為善去惡是格物」，這也正是《大學》中所說的「正心、誠意、致知、

格物」的功夫。惟其中的格物不是指「窮究」「外在物質」的道理，而是指「導正」「內在事理」，由不正歸向於正。

陽明先生的教育思想

依據郭齊家（1990）的記載，陽明先生的教育思想，除了「致良知」的教育作用論以及「知行合一」的道德教育論之外，亦有「順導性情」的童蒙教育論和「訓俗教化」的社會教育論。

現就陽明先生的童蒙教育論，即其在兒童教育上的觀點，說明如下（其童蒙教育論在當時八股橫行、強調講述與死記硬背的教學背景下，是具有創新價值的；其社會教育論，因非本文關注焦點，故暫存不論）：

一、**要順應性情與鼓舞興趣**。兒童的性情總是喜樂嬉遊，而怕拘束禁錮，是故教育兒童要從這個特點來加以設計教學，才能提高兒童的學習興趣與成就。因此，維持其高昂學習動機，便是兒童學習成功的關鍵。

二、**要自求自得與獨立思考**。兒童的學習必須強調自求自得，培養獨立思考的能力，反對偶像崇拜，盲從教師的學習方法。如果兒童的學習是出自內心，透過自己的思考，所獲得的知識才是真知識；反之，一味地模仿他人，盲從權威，並無法獲得真知識。且知識也要經過體驗和實證，才能說是真知灼見。

三、**循序漸進與因材施教**。兒童的學習要從現有的基礎出發，逐漸加深加廣，順著他的發展階段，實施德、智、體、群、美的全人教

育。另外，每個學童的質資皆不同，所以教學方法也應該因人而異，不能用同一個方法、同一個模式去束縛兒童。

向王陽明學習

陽明先生的言行思想對我國的教師專業，有許多啟示的地方。首先，就像陽明先生從小就立志學做天下第一等人、第一等事，當老師也要有當第一等老師的志向，而不是只爲了生計才謀得一份教職。有了良師的志向以後，在往後數十年的教學生涯中，也應時時莫忘初衷，力求實踐理想。

其次，在立志當好老師後，在教學現場難免會遭遇到諸多的困境。就像陽明先生在龍場悟道一樣，困境常是磨練一位老師成爲卓越教師的機會。孟子有言：「天將降大任於斯人也，必先苦其心志，勞其筋骨，餓其體膚，空乏其身，行拂亂其所爲，所以動心忍性，曾益其所不能。」確是至理名言。

再者，當老師也要有博雅的學習，才能成爲多才多藝的好老師。就像陽明先生的學習從不限於理學和八股文，對於書法、辭章之學、山川地理之學、兵學、佛學、道學等皆有深入涉獵，才能有助於其後在龍場悟道，以及一系列的文治武功。

在教學上，陽明先生的「致良知」和「知行合一」學說，係發揚陸九淵的「尊德性」之學，非常具有道德教育的意義。道德教育不應是道德知識的灌輸，而應在實際的情境中，引導並啟迪學生的是非善惡之心，並且鼓勵學生即知即行，實踐道德的信念。

其次，要把「孩子看作孩子」，而不能當成小大人，甚至將其視為「囚徒」。尊重學生的個性，順著學生的性情，以多元智能的課程與教學，發展學生的多元智慧，才能符合人文主義的教育精神。

同時，因為學生的學習程度與學習風格往往各有差異，要用同一種教學策略對待不同的學生，實在不符合因材施教的理念。是故現代教學理論與實務中所強調的「差異化教學」（differentiated teaching），亦即教師能依據學生個別差異及需求，彈性調整教學內容、教學進度和評量方式，以提升學生學習效果，並引導學生適性發展，實有採行的必要。

最後，循序漸進、學不躐等的觀念，也是值得教師學習的。作為一位好老師，首在了解學生的發展階段，然後施以適當的課程與教學，既不能要求過高過急，亦不能停留在固定的低水準上，而是循序漸進地引導學生的學習，一步步往高一階段的程度發展，這樣時日一久，便可呈現顯著的學習成效。

對教學輔導教師制度的啟示

王陽明的生平事略及學說，對於教學輔導教師制度亦頗有啟示。陽明先生的「靜處體悟」和「事上磨練」是很有啟發性的。在「靜處體悟」上，由於作為一位初任教師或新進教師（即教學輔導教師制度中的夥伴教師），常承擔繁忙煩重的教學工作，而忙到不知所措，這時每日或每週找一個時間，靜下來思考和反省，經由「定靜安慮得」的功夫，往往能找到適宜的解決策略。

在「事上磨練」上，初任教師或新進教師每遇到一個教學事件，特別是新接觸的教學事件，便是磨練自己成爲好老師的機會，這時要能處變不驚，心中做好理性的教學決定，然後小心謹慎地加以應對，便能通過情境的考驗，學到寶貴的教學經驗。

對於作爲陪伴與支持初任教師或新進教師的教學輔導教師而言，要確知夥伴教師的學習需求與學習風格，而訂定個別化的教學輔導計畫，應是教學輔導工作的第一步。其次，按計畫循序漸進地加以實踐，並在過程中做適當的調整和修正，才能對夥伴教師提供系統性、有計畫性的協助。

由於夥伴教師在「事上磨練」方面也許會遭到許多困境，這時教學輔導教師需要及時伸出援手，或提供個人的處理經驗，或示範個人的教學策略，讓夥伴教師有所理解後，鼓勵夥伴教師「做中學、行中思」，能在實際解決的過程中，不斷發展個人的教學實務智慧。

最後，要培養夥伴教師「自求自得與獨立思考」的能力。夥伴教師雖然有教學輔導教師的陪伴與支持，但總不能長期依賴教學輔導教師。是故教學輔導教師在教學輔導過程中，宜鼓勵夥伴教師自主學習，並且在學習過程中培養獨立思考、獨立解決問題的能力，如此，夥伴教師就可以成爲既能單兵作戰，又能與他人協同合作的好老師。

結語

　　「立德、立言、立功」係中國人為人處世的最高標準。「立德」即樹立高尚的道德；「立言」即提出具有真知灼見的思想體系；「立功」即為國為民建立功績。此三者雖久不廢，流芳百世。然而世上極少有人能做到三不朽，而王陽明先生卻是其中的佼佼者，其成就令後人永遠景仰懷念；其教育思想與作為，在教育史上亦永垂不朽。

2

蔡元培 學界泰斗，人世楷模

　　蔡元培先生是一位中國近代教育史上，令人高山仰止的教育家，他不僅是現代北大之父，而且也是我國首位的教育部長和中央研究院院長，他的道德和人格更是每一位國人，特別是教師們的楷模。願在臺灣教育界服務的我們，向蔡元培學習，讓他的精神與思想，繼續發揮無遠弗屆的正向力量。

筆者在國立臺灣師範大學讀書時，諸多師長們常提及蔡元培先生的大名，近觀蔡元培先生的傳記性書籍與紀錄片，更是心有所得，想要和臺灣的教育界同儕們分享，特別是蔡元培先生憂國憂民的情懷、與時俱進的學習精神、奉獻教育和科學的宏觀實踐、以及崇高的人格與道德操守，更是值得我們學習和發揚光大的地方。

科舉出身，獻身革命

據周天度（1984）的記載，蔡元培（1868-1940）係浙江省紹興府山陰縣人，父親蔡光普當過錢莊經理，家道小康，為人清廉慷慨，然不幸在蔡元培 11 歲時去世。親友們見其孤兒寡母，家計困難，欲集資救濟，然蔡母寧願典當衣物，克勤克儉，也不願接受親友濟助，究其原因係一方面要減輕親友負擔，另一方面更在意培養兒女們自立自強的精神與生活能力。是故蔡元培先生嘗謂：其寬厚待人的性格來自父親，而不拿人東西和不隨便講人壞話的美德係來自兒時母親的教誨。

蔡元培自幼聰穎好學，六歲時受私塾教育，17 歲中秀才，22 歲中舉人，25 歲中進士。考取進士後，又經朝考於 1894 年進入翰林院（相當於皇帝的祕書班底）成為翰林院編修，官場前途一片光明，將來有機會成為清朝的大員。但 1894 年中日甲午戰爭以及 1898 年維新變法失敗，讓憂國憂民的蔡元培對腐敗的滿清政府澈底的絕望，因此開始走向以革命救亡圖存之路。1904 年蔡元培在上海正式組建「光復會」，於 1905 年「中國同盟會」成立時，將光復會併入同盟會，

並受國父孫中山先生之託，擔任上海分會的負責人，成為名符其實的「革命翰林公」。

以教育作為革命救國之道

有鑑於維新變法失敗的癥結在於缺乏革新的人才，蔡元培便以培養人才作為獻身革命之道。先是在 1898 年回到故鄉擔任紹興中西學堂的校長，復又於 1901 年到上海擔任南洋公學（今交通大學預科前身，相當於中學）特班的總教習，培養了邵力子、黃炎培、李叔同等諸多西學人才。在正式課程之外，他規定學生在政治、法律、外交、財政、教育、倫理等科目中，需自選一至二門，自行閱讀相關書籍並做好筆記，然後由他親自一一批改。除此之外，每晚約二至三位學生或談心或交流心得，關愛學生的生活與發展，溢於言表。

1902 年 4 月 15 日，蔡元培與葉瀚、蔣觀雲等人發起成立「中國教育會」並被選為首任會長。同年，鑑於女子苦無受教育的機會，乃在中國教育會的支持下，創辦「愛國女學」，復因同情不滿南洋公學管教方式而集體退學的學生，乃毅然與學生共進退，辭去南洋公學教職，並為學生籌設「愛國學社」。籌設過程中，長子不幸因病去世，蔡元培亦無暇照顧而四處奔波籌款，他這種公而忘私的精神，世上少有。

與時俱進，兩度赴歐留學

據田戰省（2011）的記載，蔡元培雖然翰林出身，國學學識之淵博自不在話下，但他深知西學的長處和重要性，乃在擔任翰林院編修時，即開始接觸西學。在紹興中西學堂和南洋公學的任教期間，也沒有停下學習的腳步，他廣泛地閱讀了嚴復所譯《天演論》、《國富論》、《群學肄言》等著作。然而教育救國的理想更驅使了他留學歐洲，一方面要充實自己做報國的準備，另一方面則以歐美先進國家的教育體制和舉措作為日後辦學的參考。

1907 年已屆不惑之年的蔡元培搭乘西伯利亞鐵路火車，千里迢迢到當時歐洲先進的德國柏林學德文，次年入萊比錫大學（University of Leipzig），廣泛學習哲學、心理學、教育學、人類學和藝術史等，最後則將心力集中於美學方面。學習餘暇，則從事著作工作，著有《中國倫理學史》一書，闡述從孔子到王陽明等 28 位思想家的倫理思想，係我國第一本用新體裁編著的中國倫理思想史。

1912 年 9 月，蔡元培在短暫的教育總長生涯後，有了第二次赴歐留學的機會。這一次原本想要到德國進修，但受同是黨國元老也是革命夥伴吳稚暉的建議，改赴法國巴黎留學。留學期間，除了充實自己和考察西洋教育之外，1915 年夏，因鑑於第一次世界大戰時，法國國內勞動力嚴重不足，乃與李石曾、吳玉章等人發起了「華法教育會」和「勤工儉學會」，召募大量國內青年學子一方面勤以工作，另一方面儉以求學，提供國內青年接觸新文化、新知識的機會，作為日後改良中國舊社會的一股力量。經由勤工儉學運動培養了無數的人

才，如周恩來、鄧小平、林風眠等，其影響力之深遠，實爲當初蔡元培所始料未及的。

首任教育總長，創建教育體制

1911 年 12 月爲響應辛亥革命武昌起義，蔡元培從德國回到上海，次年元旦，中華民國臨時政府在南京建立，國父孫中山先生被選爲臨時大總統，蔡元培被選爲第一任教育總長（即教育部長）。教育部草創之時，缺人缺經費，連辦公室也曾一度借用友人的民居。但在蔡元培的人格和聲望感召下，各方一時俊傑，如范源濂、夏曾佑、袁觀濤、魯迅、王雲五等皆願爲國服務。蔡元培爲人清廉公正，生活儉樸，能以平等態度待人。教育部自總長以下到部員，不分等級，每人月薪一律 30 元，全部開支每月不過千元。由於人少事繁，以至於蔡元培需親自到總統府領取教育部大印，而且還是乘人力車來回的。

篳路藍縷，以啟山林。在蔡元培主持下，教育部很快地頒布了《普通教育暫行辦法通令》和《普通教育暫行課程之標準》、以及《大學令》和《中學令》等，採用西方教育制度，爲我國奠定了從幼兒園到小學、初中、高中及至大學研究院所的中國現代教育體制。

在教育目標上，蔡元培主張廢除忠君、尊孔、讀經，提倡著名的「五育」：公民道德教育是五育的根本，係在培養國民自由、平等、博愛精神；實利主義教育，即職業技能教育，旨在富國；軍國民教育即軍事體育教育，旨在強身；世界觀教育，即進行哲學教育，實行思想解放；美感教育，即是以音樂、美術、戲劇等形式陶冶情操，美化

人格。蔡元培的五育說，後來演變成爲德、智、體、群、美五育均衡發展之國民教育宗旨。

北大辦學，思想自由兼容並包

據陶英惠（1999）以及中國中央電視台在 2016 年 4 月 8 日所播出的紀錄片《人物──先生蔡元培》所載，1917 年 1 月 4 日，蔡元培接受昔日舊屬范源濂教育總長的聘請，接任北京大學的校長。接任之前，北京大學（前身爲京師大學堂）是一所封建思想和官僚習氣濃厚的學府。學生們對讀書沒有興趣，以帶聽差、打麻將、吃花酒、捧名角爲樂；教員們不學無術，吃飯混日子，教課陳陳相因，敷衍塞責。學生們常以官大的教授當導師，寄望將來只要誰能使自己有機會做官，就跟隨誰。

蔡元培到任後，銳意改革。首先糾正學生錯誤的觀念，告誡學生不要把在大學的學習作爲升官發財的階梯，而要以研究學術作爲大學生的天職。其次，廣延飽學且熱心教學的教員，如陳獨秀、胡適、梁漱溟、周作人等一批思想先進、年輕有爲的學者到校任教。再者，廢除學年制，改採選科制，一方面以因應學生學習興趣，另一方面增加學生學習的彈性。同時，建立非北大學生仍能登記旁聽的制度（毛澤東即爲此制度之受惠者）。不但允許女學生旁聽課程，並且於 1920 年暑假在保守衛道人士的強力反對下，開始正式招收女生，爲我國公立大學有女學生之始。在課程方面，不但將藝術與美育納入北大教育系統，自己更親授美學和美術史，編著《美學通論》，由於講授清晰

生動又善用實物教學，在春風化雨下，吸引大批學生前來聽課。

由於學貫中西的學術素養，加上身處新舊時代交替的時代背景，蔡元培的辦學理念係「兼容並包、思想自由」。他認為大學之所以為大，就是因為有包容的精神，任何思想、任何學說，只要持之有故、言之成理，就可以在北大講授，而由學生自由選擇，而且也鼓勵學生成立各種思想探索的社團。是故在北大，既有精於國學的黃侃、崔適，又有闡發新學的胡適、陳獨秀；既有拖著大辮子又精通英、德、法多種語言的辜鴻銘，又有力倡共產革命思想的李大釗。一時之間，北京大學校園文化多采多姿，思想異常活躍，學術氛圍異常濃厚，而為學問而學問的精神遂蓬勃發展。

主持中央研究院，致力科學研究

1927 年國民革命軍北伐成功，南京成立國民政府，作為黨國元老的蔡元培也曾一度參與國家建設，擔任司法部長、監察院長等要職，但是政治風雲詭譎、派系鬥爭亦非先生所喜，一介書生的蔡元培還是將自己的人生重心轉回教育文化事業。1927 年曾短暫擔任我國大學院的第一任院長，1928 年創設我國最高科學研究機構 —— 中央研究院，並為首任院長（1928-1940）。

本於教育與學術是立國的根本，而科學研究則是一切事業的基礎，蔡元培乃將一生之最後心血用在中央研究院院務發展工作，企圖以他個人的聲望和人格感召，集中各領域的專業人才，帶領中國科學研究進入一個嶄新的時代。中央研究院最初設立了理化實業、地質、

觀象台、社會科學四個研究部門，後來又增添了物理、化學、工程、天文、歷史語言等研究所，為播遷來臺後的中央研究院奠定了扎實的基礎。

1937 年隨著對日抗戰，蔡元培舉家遷居香港避難，過著清貧但與書為伴的日子。不幸在擔任中央研究院院長 12 年後的 1940 年 3 月 5 日，蔡元培病逝於香港養和醫院，享年 72 歲。蔡元培一生清廉耿介，生前無一間屋、無一吋土，死後且欠下醫療費用千餘元，就連入殮的衣衾棺木，也是由王雲五代籌的。由於香港地狹人稠，蔡元培只能埋葬於萬墳如海的華人永遠墳場。然蔡元培身後雖然十分蕭條，卻舉國為之哀悼，國民政府專門頒布了對他的褒獎令，毛澤東在唁電中尊稱他為「學界泰斗，人世楷模」，恰恰表達了蔡元培先生一生卓越的成就和高尚的人格。

向蔡元培學習

綜觀蔡元培一生，有許多值得臺灣教育界，特別是老師們學習的地方。首先，蔡元培不但是位「經師」且是位「人師」。要成為人師，便要具有前臺灣省立師範大學校長劉真先生所說的四個特質：具慈母般的愛心、園丁般的耐心、教士般的熱忱、聖哲般的懷抱，而這四個特質在蔡元培先生身上，展露無餘。

其次，蔡元培有憂國憂民、教育報國的崇高理想。就是因為這股源源不絕的力量，讓蔡元培終身奮戰不懈，鞠躬盡瘁，死而後已。例如：為了籌設愛國學社，想庇護遭南洋公學集體退學的學子們，連自

己長子的生前照顧與身後處理，都無暇兼顧，而自己也死於念念難忘的中央研究院院長任內。這種無私無我、公而忘私的大公精神，當永垂不朽。

此外，蔡元培的人格操守更是令人萬分景仰的。他一生清貧，沒有一套屬於自己的房子，每到一地，都是租屋。70歲生日時，朋友和學生們想要集資贈給他一間房子，也被他拒絕了。他這種兩袖清風傲秋霜的風範，令人肅然起敬。

同時，蔡元培與時俱進的學習精神更是值得老師們效法的。蔡元培不僅出身翰林，國學成就卓然有成，但是他能體察國情的發展和需要，毅然決然從事西學的進修和研究。即使年過40，仍出國留學。留德期間，只要時間不衝突，就全心全力廣泛聽課，是以，在教育學、哲學、人類學、心理學都有精通，特別是在美學方面有卓越的成就，爲我國美感教育的開拓，立下難以磨滅的足跡。

蔡元培的五育說，啟導我們身爲人師者要做到使學生在德、智、體、群、美五育均衡發展。作爲老師不能只強調學生智育的發展，甚至只是爲了升學考試而教學，做了升學主義的推波助瀾者。如何培養學生高尚的道德，才是教育的核心工作，此外，健全的體魄、審美的素養、與人合作的態度和能力，也是教育的核心素養，有賴老師們細心耐心愛心的教導，而這種五育均衡發展的全人教育理想，才是符合孔子有教無類、因材施教的理想。

蔡元培在民主與科學的實踐也是值得學習的。在民主方面，他強調教授治校的理念，在北大不是由校長獨裁作主，而是由教授代表所組成的學校評議會作爲最高立法與管理機構。在五四運動時，爲對抗

腐敗專制的北洋政府，他亦鼓勵學生民主愛國運動。在科學方面，他除一生致力於國家科學研究的發展之外，在治學以及處理教育行政方面，也是務求以科學方法研究一切問題，考察事物的究竟，養成科學的頭腦。是以，老師們若能以民主的方式來管教學生，以科學的態度來處理行政和治學，當能有較高的教育成效。

蔡元培「兼容並包、思想自由」的辦學理念，也是很值得教育界學習的。這種有容乃大、尊重學術自由的精神，固然是由於他的襟懷和識見，但也是先進國家高等教育的通例。是故，作爲一位好老師，不但要有包容各式各樣學生的襟懷，而且也要鼓勵學生自由的發展，激勵學生在學問上的追求，激發學生源源不絕的創造力，切勿抱殘守缺，甚至禁錮學生在各種智能的發展。

最後，蔡元培在鼓吹女權以及勞動教育的提倡，也是具有時代意義的。中國向來有男尊女卑的成見，而他能在南洋公學任教時，提倡女權，又能創辦愛國女學，以及在北大時，能打破傳統，男女兼收，是相當具有遠見和道德勇氣的，對於我國男女平權以及教育機會均等的實踐，也是具時代開創性的。其次，中國亦有「勞心者治人，勞力者治於人」的傳統觀念，而蔡元培在 1918 年首倡「勞工神聖」的口號，又於第二次赴歐留學期間，大力推動留法勤工儉學運動，不但造就了許多人才，對於打破勞心、勞力的成見，以及緩和這兩種階級的矛盾，亦有其歷史上的意義和價值。

對教學輔導教師制度的啟示

蔡元培先生所具有的「慈母般的愛心、園丁般的耐心、教士般的熱忱、聖哲般的懷抱」之四個特質，不但適合一般教師，而且也適用於教學輔導教師。教學輔導教師如能像慈母般照顧夥伴教師，夥伴教師定能感受到滿滿的愛；另外，夥伴教師的成長常不是一蹴可幾的，需要教學輔導教師的耐心支持與協助；當然教學輔導教師如具有教士般的熱忱和聖哲般的懷抱，自可發揮無遠弗屆的道德感召力量。

教學輔導教師亦可學習蔡元培先生與時俱進的精神，須知學為「師傅教師」和學為人師一樣，都是一個長期且專業的歷程，除了要有教學輔導理論方面的學習之外，更重要的是「做中學、行中思」，不斷在實際輔導經驗中，累積自己的教學輔導素養。

民主與科學的實踐，也是教學輔導教師可以學習的。因為教學輔導歷程本就是民主、平等與專業的對話，也就是說，教學輔導教師以民主的態度，以平等的地位，不斷地和夥伴教師進行專業對話，才是夥伴教師最能接受的輔導歷程。其次，為了達成教學輔導目標，教學輔導教師宜善用科學的輔導策略，如行動研究、教學觀察與回饋、個案討論等，增進輔導效果。

科學的態度與方法也是非常適用於研究教師的。臺北市政府教育局從 107 學年度開始，於教學輔導教師制度的既有基礎下，增設「研究教師」（research teacher）的建置。為發揮研究教師的功能，研究教師宜針對現場教育議題進行研究，藉由長期教室觀察、教師輔導、共同研討、調查訪談、教學輔導等過程，利用科學方法蒐集資料並評

估教育的各個面向，包括課程發展、教學創新、教育實驗、學生學習、教師培訓和課堂動態等，最後向校方或教育行政機關提出建議與發展。

「兼容並包、思想自由」的辦學精神也是教學輔導教師可以學習的。在實務教學裡，並沒有能放諸四海而皆準的教學方式，是故教學輔導教師宜尊重夥伴教師既有的教學風格與方式，而只是在輔導過程中協助夥伴教師加以調整修正或不斷擴充之，以適應千變萬化的教學情境。

結語

雖然時代的巨輪已經走向了 21 世紀，但是蔡元培在前二世紀前所做的奉獻和努力，還是令人緬懷不已。哲人已逝，但其所留下的無形遺產與教育典範，卻仍繼續造福我們這一代以及下一代。願蔡元培先生憂國憂民、富國富民的理想，能在華人世界早日實現。

3

晏陽初 平民教育的先驅

晏陽初是一位中國近代教育史上令人景仰的教育家,他所開創的平民教育運動,深深影響當今的教育界,願服務於教育界的我們,向晏陽初學習,讓他的教育理想,在臺灣繼續生根茁壯。

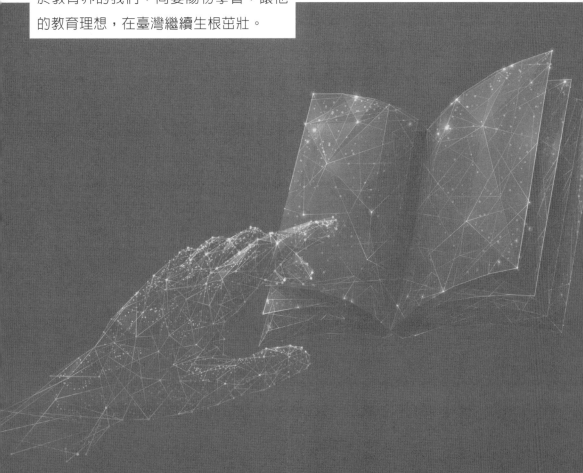

筆者在 40 多年前就讀臺師大社教系時，就曾聽聞晏陽初先生（1893-1990）對社會教育的貢獻，就讀臺師大教育研究所時，復聽聞晏陽初在平民教育的成就，當時便對晏陽初的事蹟和成就十分景仰。在教育界服務多年後，深深覺得教育史的重要性，特別是近現代的許多中外教育家，他們所劍及履及的教育理想，非常值得臺灣教育界所借鑑，因此，筆者想簡述晏陽初的生平事蹟，以為吾人學習的對象。

治中西於一爐的學習生涯

　　據吳相湘（1981）以及維基百科（2016）的記載，晏陽初出身清寒，他在〈晏陽初九十自述〉中曾經提到「3C」影響了他的一生：孔子（Confucius）、基督（Christ）和苦力（Coolies）。也就是說，幼時中華傳統經典教育以及日後的教會教育和西方教育，奠定了他淑世救國的理想，而對勞苦大眾的憐憫之心和服務經驗則啟迪了他走向平民教育，披荊斬棘，化理想為實踐。

　　晏陽初，四川巴中人，在四、五歲時，就學於父親所開設的塾館，讀的是傳統的教科書：《三字經》、《百家姓》、《千字詩》、《論語》、《孟子》、《大學》、《中庸》，這些經典加上父母親的身教言教，悄悄地在他幼小的心田建立了儒家的民本思想以及天下一家的觀念，為往後平民教育運動埋下了「微妙的火種」，而這個火種在日後因緣俱足下，引燃起平民教育的熊熊大火。

　　父母親的遠見，讓晏陽初在十歲時，便進入內地會傳教士所開辦

的西學堂讀書，受英國傳教士姚明哲牧師（Rev William II Aldis）的教誨，畢業後，經姚牧師推薦到成都華美高等學校就學。1911 年結識了英國青年傳教士史文軒（James Stewart），協助史文軒創辦一所專爲基督教青年所成立的會所——輔仁學社。西學堂的教育經驗引領晏陽初進入西學的堂奧，並帶給他「以愛的教育爲基督征服世界」的信仰；好友史文軒除了以身教示範以宗教精神濟世救人的榜樣之外，亦建議和協助晏陽初赴香港求學深造。

1913 年晏陽初順利考取香港聖保羅書院（即今香港大學前身），並獲得該校英王愛德華七世的一項巨額獎學金，但他因拒絕改變國籍而放棄了獎學金。1916 年第一次世界大戰中，好友史文軒因自願赴歐洲戰場，擔任軍中牧師而在法國不幸罹難，晏陽初因惡耗傳來而哀慟不已，日後因思念好友，乃用好友之名 James 作爲自己的英文名字。同年他以半工半讀方式，進入美國耶魯大學（Yale University）攻讀政治學學士學位。在耶魯大學求學期間，受教於美國前總統塔夫脫（William H. Taft, 1857-1930）。塔夫脫所教授的「美國憲法」課程，啟迪了晏陽初先生之民主、自由與平等的思想。

為華工服務——矢志獻身平民教育

1918 年，晏陽初自耶魯大學畢業，適逢歐戰方酣，那時約有 20 萬華工受英法等國政府僱用做苦力的工作，而晏陽初亦遠赴法國，任北美基督教青年會戰地服務幹事，爲歐洲戰場的華工提供志願服務。當時他的主要工作是爲普遍不識字的華工代筆寫信。「與其給他魚

吃，不如教其釣魚」，在服務過程中，晏陽初萌生了教導華工識字的念頭，於是他嘗試從複雜的中國文字中選取 1,000 個常用字，作為華工識字的教材，在取得初步成就後，便開創以華工教華工的「導生制」，並取得更大的成就。後因其推動策略有效，在華工營主管的推薦下，晏陽初的作法廣為其他華工營所採用。後來更為了傳遞戰時訊息及文化，乃創辦了歷史上第一份中文勞工報紙──《華工周報》。數月後，一名華工寄給晏陽初一封感謝信，並捐出了三年來在法國戰場上辛苦儲蓄的 365 法郎，使得晏陽初倍受感動，矢志從事勞苦大眾的識字運動，因為他深知華工這群廣大的「苦力」，無論在國內或在國外，確實因文盲而痛「苦」無比；然而他們卻具有無限的潛「力」。解除其痛苦並開發其潛力，便成為晏陽初濟世救人之道。

在中國推動平民教育

1920 年，晏陽初在普林斯頓大學（Princeton University）獲碩士學位並歸國服務。在歸國前，他立志不做官，不發財，將終身獻給勞苦的大眾。回國後，獲得中華基督教青年會全國協會的支持，先後在華中、華北、華東三處人文環境顯著差異的地區，試驗推行識字認字的平民教育運動。

1923 年，「中華平民教育促進會總會」（簡稱「平教總會」）在北京成立，晏陽初任總幹事，主持一切事宜。平教總會的宗旨為「除文盲、作新民」，會中特設鄉村教育部，以示平教總會的主要工作對象是占全國人口最多數的鄉村農民。

1929 年，晏陽初遷往河北省定縣展開一項空前的實驗，經歷了兩年的實地調查，深入了解農民生活的各項情況和迫切需要之後，再依社會調查的結果，先推動「識字教育」，再推動生產工具、方法和品種改良的「生計教育」，然後再推廣「衛生保健教育」和「公民教育」，以此四大教育，透過「學校式」、「家庭式」、「社會式」等三種方式並進，企圖拯救中國農村社會「愚、貧、弱、私」之四大病。

　　1930 年代初，晏陽初在定縣的鄉村教育實驗獲得國民政府的肯定，並著手將定縣經驗向全國推廣，設立了鄉村建設育才院（後改名鄉村建設學院），在中國各省，每省各劃出一個縣進行鄉村教育試點，擬為我國教育史開創嶄新的一頁。然而正在鄉村教育工作可以在全國各地全面開展之際，很可惜因為日本對華的侵略戰爭，使得鄉村教育工作的推動嚴重受阻，隨著戰事的吃緊，只能被迫往湖南、四川等大後方，繼續推動試驗工作。

　　1945 年抗日戰爭結束後，晏陽初遊說杜魯門總統（Harry S. Truman, 1884-1972）和美國國會議員為中國鄉村教育運動提供美援資助，在晏氏的努力下，美國國會通過了一條名為「晏陽初條款」的法案，法案規定須將「四億二千萬對華經援總額中，撥付不少於百分之五、不多於百分之十的額度，專門用於中國農村的建設與復興」。惟亦十分可惜的，隨著國共內戰和中國大陸的淪陷，晏陽初建設中國農村教育的大計亦未能在中國大陸實現。但幸運的，因美援所成立的「中國農村復興委員會」（簡稱農復會）在播遷臺灣後，對於臺灣農業技術和品種改良、公共衛生人員的訓練、鄉村衛生工作的推動等，

卓有貢獻。

推展平民教育至世界各地

　　大陸淪陷後，平教總會和鄉村建設學院被共軍勒令解散，晏陽初被迫離開中國大陸到臺灣，不久旋即離臺赴美，在美國協助亞洲、非洲和拉丁美洲發展中國家推動平民教育運動。1956 年，晏陽初協助菲律賓創建了「國際鄉村改造學院」（International Institute of Rural Reconstruction），並實現了真正的民選議會。國際鄉村改造學院運作迄今，專門向第三世界國家推廣晏陽初的平民教育思想，並協助開發中國家培訓平民教育師資。反愚昧、反貧窮、反疾病、反無知、反飢餓，便是晏氏國際性鄉村改造運動的終極目標。

　　晏陽初的平民教育事功，可以說是蘊釀於法國，初始於中國，而光大於世界。因平民教育推動有功，曾獲得「麥格塞塞獎」（Ramon Magsaysay Award）和「艾森豪獎章」（Dwight D. Eisenhower Award），復於 1987 年獲美國雷根總統在白宮授予「掃除飢餓總統獎章」（Presidential End Hunger Awards），成為晏氏光彩照人一生中的最後一個殊榮。晏陽初先生係農村建設的巨人、平民教育的開創者，在生命的晚期，仍然因為平民教育運動奮鬥不懈而受到國際的推崇和肯定，是非常值得吾人學習的典範。

向晏陽初學習

綜觀晏陽初一生，有許多值得臺灣教育界學習的地方。首先，晏陽初有強烈服務人群的熱情。就如其在〈晏陽初九十自述〉中所說的，他的一生生於憂患，即使年已 90，仍十分地活躍，因爲他心中永遠有一粒火種，不論早春暮冬，不論風雨晴晦，總是不息地燃燒著。同樣的，我們每一位教育人員在服務教育界時，都有一顆初心、多有一種服務的熱情，如能時時不忘初衷，不減服務的熱情，當能充分自我實現，並爲臺灣教育做更多有益的事。

第二，晏陽初具有經世濟民的理想，而這個理想來自於幼年的儒家教育，讓他很早就有「憂以天下，樂以天下」的襟懷，誠所謂「風聲雨聲讀書聲，聲聲入耳；家事國事天下事，事事關心。」晏陽初顯然是一個理想主義者，具有中國知識分子的使命感，時時以國家社會爲念，奮不顧身的投身於救國救民的事業之中。同樣的，如果我們每一位教育工作者都有這樣的崇高理想，就不會處處以個人的利益爲計，而時時以對學生的大愛爲念。

第三，晏陽初具有犧牲奉獻的精神，而這個精神來自於基督徒的信仰。晏陽初受英國傳教士姚明哲牧師的精神感召，1904 年自發的受洗爲基督徒，立定救人救世的宏願，以「僕人式領導」（servant-leadership）的精神，服務於廣大的勞工和農民。同樣的，若每一位教師皆具有宗教家的情懷，以宗教家的熱忱奉獻於教育界，當能從「經師」的角色躍升成爲「人師」的成就。

第四，晏陽初具有民主合作的態度。晏陽初在西洋學到「民主」

與「科學」，並躬身實踐。就民主而言，晏陽初深知靠一個人推動平民教育是不可能成功的，如何以民主參與的方式，號召、組織諸多專家學者以及知識分子，才是平民教育運動成功的關鍵，因為擅於用人，所以平教總會在定縣時代，擁有高級幹部約 50 位，泰半是留日、留美、留法、留德等有最高學位的學者，這些人放棄了高薪、高職位，而心甘情願與他在物質條件極度貧乏的河北定縣一同為理想打拼。同樣的，我國的教育工作者若能善用社群的力量，以民主合作的態度，說服他人為教育事業共同奮鬥，那麼這種集體合作的力量，當可發揮無堅不摧的作用。

第五，晏陽初具有科學的態度與方法。晏陽初推動平民教育，既不盲從地抄襲外國人的東西，也不固執地保守中國的古董，而是相信用科學的方法，蒐集事實的資料來做平民教育實驗的依據，這可從定縣實驗中以社會調查逐步推動四大教育、三大方式可見一斑。同樣的，如何以研究為基礎做教育決策以及以科學的設備和方法來改進教學和促進教學的革新，亦是臺灣教育界可以努力的方向。

最後，晏陽初最令人敬佩的還是其為平民教育「眞積力久」、「奮戰不懈」的努力。晏陽初自 1919 年矢志獻身平民教育工作以來，畢生致力於推動平民教育工作，70 年來始終如一，從不間斷。晏氏的努力，驗證了「教育是點滴的淑世工程」，有賴於我們一點一滴的持續努力，最後終可匯成臺灣教育的長江大河、汪洋萬頃。

對教學輔導教師制度的啟示

同樣的，晏陽初對於教學輔導教師制度亦有許多啟示。首先，晏陽初具有犧牲奉獻的「僕人式領導」精神，是非常值得教學輔導教師所效尤的。作為一位協助、支持與輔導同儕教師的教師領導者，教學輔導教師除了要有溫暖的人格特質外，首重服務他人的意願和熱忱，就像基督徒關愛最小的兄弟一般，關心、照顧學校裡的後進。教學輔導教師若只存「獨善其身」的處世態度，而不能「我為人人，人人為我」，是不適合擔任教學輔導教師的。

其次，教學輔導教師要帶有強烈的理想性格。不只能自發地充實自己，亦能耐心地與夥伴教師互動，追求教育界您好、我好、他好的「共好」境界。因為唯有學校裡每一位教師都是好老師，我們才能帶好每一位學生。

為了做好教學輔導工作，教學輔導教師必須以民主的態度尊重夥伴教師，並且和行政人員以及校內其他教學輔導教師共同合作，以個別輔導、團體輔導、專業學習社群等方式，帶好每一位夥伴教師。同時以身教的方式，把協同合作的教師文化傳承給學校的初任教師或新進教師。

為了達成教學輔導目標，教學輔導教師亦有賴科學的教學輔導方法。而科學的教學輔導方法，必須先了解與澄清夥伴教師的問題和需求，根據夥伴教師的問題，擬定與執行適切的輔導計畫，然後在計畫實施過程中，根據觀察資料不斷做修正，最後在輔導計畫結束後，做一個深切的省思，並為爾後的輔導活動做準備。

「教師的改變是困難的，而夥伴教師的成長是需要時間的。」是故，要短時間就帶好一位初任教師是不太可能的，需要教學輔導教師耐心和長期的努力，這也是先進國家將初任教師導入輔導期定為二至三年的理由。筆者的研究經驗顯示，就對初任教師的教學觀察與回饋而言，即使每月做一次，約需八個月至一學年，初任教師的教學效能才會有顯著的提升與改善。

結語

　　「以人為鏡，可以明得失。」晏陽初先生這一位中國近代教育史上令人景仰的教育家，雖然已經離開我們近 20 多年了，但是他的精神和典範仍永垂不朽。他所開創的平民教育，業已匯成長江大河，奔流五大洲。願仍在臺灣教育界的我們，向晏陽初的人格、為學、處世，特別是其為平民教育奮戰不懈的精神，有所學習，讓臺灣的教育有更美好的明天。

4

陶行知 　平民教育的開拓者

　　陶行知處在一個内憂外患、民不
聊生的時代，看著勞苦又不識字的平民
大眾，在死亡線上掙扎，國家又積弱不
振，乃矢志教育救國。他放棄大學教授
的職位和當官的機會，一生以平民教育
為己任，追隨其師杜威的教育實驗精
神，刻苦耐勞，躬行實踐，鞠躬盡瘁，
死而後已。其所留下事蹟和精神財富，
永垂不朽，很值得我們身為人師者和師
資培育工作者學習。

在民國初年以教育救亡圖存的觀點，爲中國知識分子所普遍認同，其中有三位大教育家——晏陽初、陶行知、梁漱溟，他們獻身平民教育的努力，更令人敬佩。筆者已介紹過〈晏陽初——平民教育的先驅〉，現在介紹陶行知的生平事蹟，並說明可以向他學習的地方。

出身寒微，刻苦勵學

據江明淵（2006）的記載，陶行知（1891-1946），本名文濬，因信仰王陽明「知行合一」的學說，取名知行，後因領悟「行是知之始；知是行之成」，乃改名行知。

陶行知於清光緒 17 年（1891）生於安徽省歙縣，父親爲前清秀才，家道中落，無力供先生讀書。先生自幼聰穎過人，幸蒙塾師方庶咸所賞識而免學費入學，繼而在 15 歲就讀基督教內地會所創辦的崇一學堂。因勤奮好學，二年內就把三年的課程修畢。1908 年考入杭州廣濟醫學堂學醫，然因不滿該醫學堂歧視不信教學生，就讀不到半年，就憤而退學抗議。其後，一度流浪蘇州，幸遇崇一學堂堂長唐進賢牧師之助，於清宣統二年（1910）考入南京匯文書院（後改名爲金陵大學）文學系預科。據陳光輝（1986）的記載，流浪蘇州的困苦日子，種下了陶行知爲平民辦學的種籽。

1914 年，陶行知以第一名成績自金陵大學畢業，爲進一步深造，乃借錢赴美留學，先入伊利諾大學（University of Illinois）就讀得政治學碩士，後申請到哥倫比亞大學師範學院（Teachers College, Columbia University）獎學金，乃有機會師事杜威（John Dewey,

1859-1952）、孟祿（Paul Monroe, 1869-1947）、克伯屈（William Heard Kilpatrick, 1871-1965）等從事教育研究。1917 年甫獲哥倫比亞大學「都市學務總監資格文憑」，便啟程歸國服務，實踐心中早已埋藏多時的教育理想。

步入杏壇，心懷社稷

教育是陶行知的唯一志業。據江明淵（2006）的記載，陶行知學成歸國後，1917 年任教南京高等師範學校（後併爲東南大學）教授、教務主任等職務。授課課程有「教育學」、「教育行政問題」等，力倡以「教學法」取代「教授法」、規定女子可旁聽課程等改革高等教育的主張。

然陶行知並不以身處教育學術殿堂爲既足，他是典型的愛國主義者，他非常關心國家大事，也參與或支持與國家命運息息相關的社會改造運動。1919 年爆發了五四愛國運動，陶行知響應學生的抗議遊行，並受推舉爲南京學界聯合會會長，此時他已是學術界知名的教授了。

矢志獻身平民教育

五四運動期間，中國社會瀰漫愛國思潮及平民主義，這對於來自平民百姓家庭，又從小立志爲平民百姓做大事的陶行知尤有感染力。1923 年，陶行知毅然辭去東南大學教育科主任，專心致力平民教育

工作，與朱其慧、晏陽初、朱經農等於上海籌組「中華平民教育促進會」，並任書記，積極展開全國之平民教育運動，立志要使當時中國二億文盲、七千萬失學兒童，都能有除文盲、作新民的機會。

為了推展平民教育運動，陶行知曾與朱經農合編《平民千字課》，另為了彌補「平民學校」的不足，陶行知乃倡導「平民讀書處」和「平民問字處」。平民讀書處就辦在自家內、店內或機關內，讓失學民眾隨時隨地可學，以解決平民因工作或家庭無法就學的問題。平民問字處則可以解決無法上學而家中又乏人指導識字的問題。

隨著平民教育運動的推展，陶行知的足跡，遍布大江南北、各窮鄉僻壤，甚至每年過年都是在外地奔波，甚少與家人團聚，他之所以這樣的苦行和付出，是因為他相信：「基礎教育是教育之本，而教育是立國之本」，他要號召一流教育家，以開荒的精神、創新的精神，開拓國家的新教育。

創辦曉莊師範學校

陶行知最大也最廣為人知的成就，便是在 1927 年創辦「曉莊師範學校」。曉莊師範學校選址在南京市郊小莊的勞山。陶行知改「小莊」為「曉莊」，係取其為中國新教育「破曉」的涵義，而改「老山」為「勞山」係強調勞動教育的意義與價值。

陶行知之所以辦理曉莊師範學校，是因為他認為中國以農立國，農民占全國人口十之八九，可是農民卻是在經濟與文化上最弱勢的；新教育要走入偏鄉，為農民服務，才能進一步實現社會改造的希望；

而要辦理鄉村教育則首先必須要有健全的師資。據陳光輝（1986）的記載，陶行知認為健全的鄉村教師要有「健康的體魄、農夫的身手、科學的頭腦、藝術的興味、改造社會的精神」，這樣才能成為「改造鄉村生活的靈魂」。

曉莊師範學校係一所沒有校門、沒有圍牆、沒有教室的學校，它以天地為教室，無處不是教室。它所強調的教育是生活教育。陶行知在生活教育的理論，係來自其師杜威的實用主義，並參考國情加以演變而成，其基本觀點有三：「生活即教育」、「社會即學校」、「教學做合一」。據簡湉勤（1987）的記載，「生活即教育」是指生活便是教育；不是生活便不是教育。「社會即學校」主張整個的社會活動，都是生活的內容；整個的社會環境，都是教育的範圍。「教學做合一」則強調教的方法要根據學的方法；學的方法要根據做的方法。事怎麼做便怎麼學，怎麼學才決定怎麼教。教與學都是以做為中心的，三者是同一件事，而不是三件事。

曉莊師範學校的教育體系並不限於師範教育，它還包括數所中心小學的國民教育以及數所中心幼兒園的幼兒教育，還有以學校作為改造鄉村社會之用的社會教育，是故它亦附設有聯村衛生會、曉莊商店、曉莊鄉村醫院等社會事業組織。曉莊師範學校的師範生除了在小學師範院或幼稚師範院「做中學」外，還需分期分組到中心小學或幼兒園當老師，或者到各社會事業組織服務學習。另外為補正規師範教育的不足，陶行知亦採「藝友制」，由中心小學提供鋪位，提供遠道而來有志學為良師的同志，可以留校做長時間的觀摩學習，並和中心小學的老師們成為亦師亦友的師徒制關係。

曉莊師範學校的辦學成功，受到全國的囑目，各界名流造訪觀摩不絕於途，因辦學績效卓著，馮玉祥將軍曾請陶行知到河南考察並力邀其擔任河南省教育廳長，惟先生不爲所動，還是遵守與學生的約定返校辦學。但是很可惜的，在 1930 年 4 月 5 日，因該校有共產黨籍的學生參與南京各級學校所舉辦的反對英、日帝國主義的大遊行，曉莊師範學校被國民政府查封停辦，而陶行知也被通緝在案。

創立「工學團」及「小先生制」

1930 年曉莊師範學校被封後，陶行知被迫避難日本，不久即潛返上海，繼續平民教育的推動。此時，受上海申報總經理史量才先生之助，除秉持科學救國的理念，致力於科學教育（例如：創立「自然學園」、創辦科學廣播學校、編輯《兒童科學叢書》）外，最主要的教育成就係創辦「工學團」和「小先生制」。

據周水珍（1996）的記載，陶行知在 1932 年在上海與寶山之間創辦了「山海工學團」，並以此團的實驗基礎，在各國各地推廣以少年、青年及婦女爲主所組成的各式各樣工學團。各工學團本身就是一個小型的社會，以大眾的工作養活大眾的生計，以大眾的科學倡明大眾的生活，以大眾的團體力量保衛大眾的生命。

另周水珍（1996）亦指出，工學團採小先生制，把失學兒童組織起來，由大孩子教小孩子，會的教不會的，人數可多可少，是一種即學即傳的教學方法，是生活教育三個基本觀點的另一個體現，最大的目標還是在掃除文盲，以及在經濟上對平民大眾的生活有所改善。

陶行知曾以其母親向孫子學《平民千字課》的故事，說明大人固然可以教小孩，小孩亦可以教大人讀書識字。故事是：57 歲的陶母發願要識字，但由於陶行知工作忙碌，沒空親自教導母親，乃由六歲的陶子，讀完一冊的《平民千字課》後，即學即用地教導祖母剛學過的文字。陶母學習 16 日後，竟可讀懂一封簡單的家書。

創辦育才學校及社會大學

1937 年蘆溝橋事件爆發，全國抗戰興起，陶行知接受全國各界救國聯合會的委託，從事國民外交的工作，出訪亞、非、歐、美等 26 個國家，全力爭取外援與世界各國對日本禁運戰用物質。

陶行知堅信抗日必勝，而戰後的建設更需要即時培養人才，乃在國民政府支助開辦費下，在 1939 年在四川省合川縣鳳凰山設立「育才學校」，專收戰火中的孤兒，進行實驗教育。育才學校一方面要培養人才，另方面要為孤苦無依的兒童提供較多的教育機會，乃透過智力測驗和特殊才能考察等方式，選拔具有特殊才能的難童，並遴聘最好的師資，分文學、自然、社會、音樂、繪畫、戲劇等六組，實施資賦優異教育。

然院童食指浩繁，而平日校務營運經費又沒有官方的支持，陶行知乃學習「武訓興學」的方式，為學童的學雜生活費用外出化緣，他曾有詩表達他當時辦學的艱辛：「一世到老，四處奔波；為了苦孩，甘為駱駝；於人有益，牛馬也做。」在抗戰興學之際，他鼓勵學生：「在磨難中前行；在磨難中繼續創作」，也勉勵師生們每天要四問：

「我的身體有沒有進步？我的學問有沒有進步？我的工作有沒有進步？我的道德有沒有進步？」。

　　另外為了要以最經濟有效的方式培養人才，也為了失學的職業青年有更寬廣的就學機會，陶行知於 1946 年 1 月以夜間大學的方式，在重慶市開設社會大學，首期學生百餘人。他的社會大學的理想除了夜間大學外，亦期望未來能有早晨大學、函授大學、廣播大學、旅行大學、新聞大學等多元形式，提供給失學青年有更普及的教育機會。

壯志未酬，哲人其萎

　　1945 年抗戰勝利，陶行知對建設國家有無限的理想與憧憬，無奈國共內戰爆發，先生深為失望。失望之餘，先生一方面大聲疾呼「反內戰、爭取和平」，另一方面又忙於在上海創辦社會大學和育才學校的遷校工作，積勞成疾又長期忽視自己有高血壓的毛病，竟於當年 7 月 25 日因腦溢血病歿，享年只有 55 歲。

　　1946 年 12 月 1 日的清晨，陶行知歸葬於南京的曉莊，並在此地與已逝去的母親和妻兒一同長眠。後人給先生修建的墓門的正聯是：「愛滿天下」，側聯則是：「千教萬教，教人求真；千學萬學，學做真人」。

向陶行知學習

陶行知在教育理論與實踐上皆有開創性的宏偉建樹。其理論固不如其師杜威之周延與具系統性,但是他在教育實踐上如杜威一樣,甚至更能爆發驚人的生命力和創造力,實在令人萬分的景仰和欽佩。現就教師專業的觀點,從師資職前培育、教師在職專業成長等角度,說明如何向陶行知學習。

在師資職前培育方面,陶行知的生活教育學說啟發我們師資培育不可重理論輕實務,而要走向教學現場「做中學」、「做中教」。教學理論固然有引導教學實務的功能,但更重要的還是教學實踐,因為「教學實踐才是教學真知的開始;而教學理論還是來自教學實踐所歸納總結與提煉的成果」。

此外,「師德」與「師術」的培養必須兩者兼備,缺一不可,才能培養「術德兼修」的經師與人師。教學技術與策略的學習固然重要,但是教育愛的涵養更是重要,因為教育本來是以心帶心、以人感動人的事業。陶行知在辦曉莊師範學校時曾說:「捧著一顆心來,不帶半根草去」,實在很有深意。

在教師專業成長方面,陶行知給我們最大的啟示,還是其「愛滿天下」的不朽情懷。陶行知把一生的青春奉獻給社會最底層的工農階級、奉獻給孤苦無依的孤兒與流浪兒,只怕付出不夠,不求回報,這種無私無我的「教育愛」,對於當今處處講求爭取教師權益的教師團體而言,應是一面很好的「對照鏡」。我們深盼我國各教師團體除了力爭教師權益之外,亦應多著手教師專業倫理的制定及其有效執行,

以及把更多的心力放在協助會員的專業成長上，這樣的教師團體才會贏得社會各界人士的普遍敬重。

其次，陶行知勉勵我們身為人師者要經常反思自己：「我的學問有沒有進步？我的工作有沒有進步？我的道德有沒有進步？」。「省思」確實是一位學為良師的利器，透過經常性的省思，我們在道德、學問、教學技術上，不間斷地精益求精，才能建構個人的教學實務智慧。

同時，教師的教學內容要重視生活教育，才是活教育，不能死讀書，形成死教育。讀書固然重要，但還是要德智體群美五育均衡發展，才是全人教育，而全人教育的實施可從「健康的、科學的、勞動的、藝術的、社會改造的」生活中學習，並且善用每一個社會資源，讓學生真正能「做中學，行中思，思而有成」。

在教學策略與模式上，要能與時俱進，不但要多樣性且要有開創性。陶行知為了推動平民教育，他開創了無數具有創造性的方法，例如：平民讀書處，平民問字處、工學團、小先生制等，而作為一位成功的教師我們應該可以學習陶行知在教育方法上的多樣性與創新性，例如：我們除了可以運用講述法、提問法、個別實作、全班溝通討論以及小組合作學習之外，我們還可以學習「學習共同體」、「翻轉教學」、「學思達教學法」，「差異化教學」、「素養導向教學」等這些以學習者為中心的教學創新模式。

對教學輔導教師制度的啟示

陶行知「愛與服務」的精神實在非常值得教學輔導教師學習的。一位好老師不只對學生要有教育愛,對於同事亦要有教育愛,而致力於對於初任教師、自願成長的教師以及教學困難的教師的服務。「人生以服務為目的」,誠為至理名言。從服務中,我們不但可以造福教學界,而且可以從服務中獲得助人的滿心喜悅。

在初任教師導入輔導上,陶行知所倡導的「藝友制」,與筆者所長期推動的「教學輔導教師制度」實聲氣相通。筆者深信,師資培育者不宜限於師培大學的教授,更可以是教學現場的資深優良教師。教學輔導教師在自我更新、持續成長後,有義務也有責任,以同儕輔導、夥伴協作的精神將教學經驗「薪火相傳」給初任教師和實習教師,這樣不但自己能與時俱進和自我實現,對於初任教師和實習教師亦能發揮提攜後進的功能,對於學校也能營造合作、精進與分享的教師文化,可以說是於人於己於學校都有好處的三贏現象。

陶行知所主張的「教學做合一」的理念,是非常適合初任教師導入輔導的,蓋因學為良師本來就是要經由「實踐本位教師學習」(practice-based teacher learning)的歷程,在教學實踐中逐漸累積實務經驗,才能建構教學實務智慧。是故,教學輔導教師除了陪伴、支持初任教師之外,宜鼓勵、挑戰初任教師從「做中學」,而為了初任教師學習順利並發揮最大的學習潛能,教學輔導教師有必要提供適時適量的「鷹架」(scaffolding),讓初任教師的學習可以沿鷹架而上,這樣才是理想的導入輔導方式。

對於學校中自願成長的教師，教學輔導教師亦可仿照陶行知所創辦的「工學團」的精神，組成各式各樣的教師專業學習社群，協助教師改進既有教學策略或學習創新教學模式。而教學輔導教師除了要做教師專業學習社群的領頭羊之外，亦可培養教師同儕輪流承擔社群領導的工作，以發揮「雁行理論」的功用。

對於教學困難教師的輔導而言，陶行知那種鍥而不捨的精神，實在值得教學輔導教師學習。不可諱言，在三種輔導對象中，以教學困難教師最具輔導的困難度，但是只要教學輔導教師能診斷正確，找對方法，再加上長期的堅持和努力，還是有很高的成功可能性。而且挑戰愈大，愈能發揮教學輔導教師的潛能和價值。

結語

除了上述之外，陶行知重視社會教育、終身教育、女子教育、特殊才能教育等等，也都是我們可以學習的地方。哲人已逝，但他在短暫的人生中所留下的精神文化遺產，是人類取之不盡、用之不竭的寶藏，特別他那種為國為民、為平民百姓的教育，而革命拓荒，百折不撓，鞠躬盡瘁，死而後已的事蹟與精神，將永留青史。

5

陳鶴琴 　幼兒教育的先行者

　　陳鶴琴先生是一位中國近代教育史
上令人景仰的教育家，他所開創的中國
幼兒教育運動及活教育思想，仍深深影
響當今中國的教育界，願在臺灣教育界
服務的我們，向陳鶴琴學習，讓他的精
神與思想，也能在臺灣深入人心、開花
結果。

筆者之所以認識陳鶴琴先生，係在觀看了上海文廣傳媒集團在「紀實頻道」所製作的《大師》百集文化紀錄片，其中之一專集係介紹陳鶴琴的大師風範，看了之後非常感動，繼而筆者在輔大師資培育中心在澳門所開設的「培育幼稚園教師師範專業文憑」課程中，對澳門的師範生曾播放並討論了此一影集，獲得了相當正面的回響。於是乃想推介陳鶴琴的生平和思想給國內教育界，除了有利於海峽兩岸的交流外，亦希望對國內教育界產生一些啟迪作用。

接受傳統啟蒙和新式教育

由於海峽兩岸長期分治，臺灣有關陳鶴琴的生平與思想的介紹甚少。據洪福財（2004）的記載，陳鶴琴（1892-1982）係浙江省上虞縣人，祖上以雜貨店為生。六歲時，父親往生，家道中落，幸賴慈母以幫人洗衣支撐全家生計。慈母的殷切教誨讓他深覺家庭教育的重要。

陳鶴琴在 8-14 歲時，在家鄉受私塾教育，但他對這段啟蒙教育不甚滿意，一方面由於教材內容太古、太受限於書本，另一方面老師的教法也死氣沈沈，讓他覺得是「讀了六年死書」，而正也是這一段的痛苦求學經驗，讓他日後蘊育出「活教育」思想，作為對傳統教育的反動。

1905 年，14 歲的陳鶴琴由於姊姊和姊夫的照顧和引介，得以就讀杭州教會學校蕙蘭中學，開始接受新式教育，這五年的中學以及隨後高等教育經驗，開闊了他的視野，改變了他一生的命運。1911 年

春，陳鶴琴進入上海聖約翰大學，同年秋，考入北京清華學堂高等科。1914 年清華畢業後，獲庚子賠款所設之公費，遠赴重洋，赴美留學，同船中結交了一位志趣相投的同期留學生——陶行知。惟當時陳鶴琴仍在習醫或習教育之間徘徊，最後選擇了約翰·霍普金斯大學（The Johns Hopkins University）求學三年獲文學士學位。1917 年，修習教育的志向更加堅定，如願申請進入哥倫比亞大學師範學院（Teachers College, Columbia University），師從杜威（John Dewey, 1859-1952）、克伯屈（William Heard Kilpatrick, 1871-1965）、桑代克（Edward Lee Thorndike, 1874-1949）等大師學習，獲教育碩士學位。

返國獻身幼兒教育運動

陳鶴琴本想在美國繼續完成教育心理學之博士學位，但因公費期限已滿且適逢南京高等師範學校至美求才，遂於 1919 年應聘歸國服務，教授教育學、心理學和兒童心理學等課程。1920 年以其長子陳一鳴為研究對象，以西方科學方法，觀察記錄了從出生第一天到第 808 天的成長軌跡，1925 年乃著成《兒童心理之研究》，奠定了中國兒童心理學和兒童教育學的第一塊基石。同年完成《家庭教育》一書，書中指出父母對子女健全人格的形成有不可推卸的責任，並以通俗易懂的文詞說明了「做父母的，不可常以命令式的語氣去指揮小孩」等 101 條家庭教育原則。

1923 年，陳鶴琴投入幼教工作，以自宅創辦「南京鼓樓幼兒園」

並自任園長，開始進行科學化、中國化的幼兒園實驗，多年的理論研究與實務的推廣，乃逐步形成了系統化並且具有民族特色的幼兒教育思想。1928 年受「大學院」（即當時之教育部）之聘，陳鶴琴依據鼓樓幼兒園的實驗成果，起草《幼稚園課程暫行標準》，該暫行標準後經修訂爲《幼稚園課程標準》，係臺灣地區 1950 年代指導幼稚園課程發展的官方版本之始。

1927 年，陳鶴琴應邀擔任南京市教育局學校教育課課長，開始了長達 11 年的教育行政生涯，生涯中除了創辦市立幼稚園，也對小學教育的實驗和改造有所著墨。1928 年轉任上海工部局華人教育處處長，近十年的工作生涯，讓他有機會貫徹「普及教育機會、鼓勵貧童就學」的核心主張。任職期間，除向租界爭取到中國人擔任華童公學校長和副校長的職位，以及在租界裡的中小學可以升中國國旗的權利之外，亦先後創設了六所小學（含附設幼稚園）、一所女子中學、四所工人夜校和一所簡易小學。1937 年，抗日戰爭爆發，陳鶴琴以「保育民族幼苗」爲己任，籌立「兒童保育會」，陸續開辦十所「報童學校」、一所「兒童保育院」、二個成人「報販班」，並加入抗日組織，遂因抗日活動，被日方列入欲行刺的名單，幸經友人及時通知，乃逃至大後方，才能倖免於難。

體察國情，推動活教育思想

1940 年，陳鶴琴受江西省政府教育廳之邀，在江西泰和縣創辦了「江西省立實驗幼稚師範學校」，係中國第一所公立幼稚師範教育

學校。校務在艱困的環境中順利地推展，實現了陳鶴琴辦中國化幼稚教育、由中國人自己培養幼教老師的宏願。同時，陳鶴琴開始以此學校作爲「活教育」思想之實驗基地，向全國各地推廣「活教育」的理念。

依據洪福財（2004）與孫培青（2000）的記載，陳鶴琴之所以提出「教活書，活教書，教書活。讀活書，活讀書，讀書活。」的口號，係響應其摯友陶行知教授對中國傳統教育的批評：「教死書，死教書，教書死。讀死書，死讀書，讀書死。」並企圖以教育改變國人，進而改變一個民族。

活教育的目的論係：「做人，做中國人，做現代中國人。」該教育目的從抽象到具體，循序漸進、有層次的推展。作爲一個人，必須熱愛人類、熱愛眞理。做中國人，他要懂得熱愛生養自己的土地、愛自己國家光榮傳統、愛與自己命運共同體的同胞。做現代中國人，則要有健全的身體、要有建設的能力、要有創造的能力、要能夠合作、要服務。其後陳鶴琴更將其目的論修正爲：「做人，做中國人，做世界人」，以示作爲世界之公民，實有必要了解及順應世界的潮流。

活教育的課程論係：「大自然，大社會，都是活教材。」惟陳鶴琴固然強調從自然和社會生活中學習，但並未否定書本作爲參考資料的價值。另活教育的課程組織形式，也必須要以兒童爲中心，符合兒童與自然和社會環境的交往方式。打破學科中心，改採活動中心和活動單元的形式，發展五個既分立又統整的活動，即著名的「五指活動」：兒童的健康活動、兒童的社會活動、兒童的科學活動、兒童的藝術活動、兒童的文學活動。

活教育的教學論係：「做中學，做中教，做中求進步。」由此可見陳鶴琴受杜威進步主義的思想影響甚深，強調以「做」為基礎，確立學生在學習中的主體性，但兒童在做中學，需要教師進行有效的引導。其教學步驟有四：「實驗觀察」、「閱讀思考」、「創作發表」和「批評研討」，亦即以實驗觀察為基礎，以閱讀思考彌補直接經驗的不足，再多讓兒童以故事、報告、講演等方式表達所學，然後透過集體和小組討論，協同學習，以便相互啟發和鼓勵，使所學臻於完美。

在文化大革命受批判

　　陳鶴琴推動活教育不遺餘力，其著作也源源不絕。很可惜的，從 1951 年開始，因為與杜威實用主義的關聯，陸陸續續地受到批判，而使得活教育思想的推動受阻。1966 年文化大革命開始，受到更嚴厲的批判，並被下放到人民公社接受勞動教育。文化大革命後，陳鶴琴雖獲得平反與恢復名譽的待遇，但已年近 90 而垂垂老矣。所幸，活教育的思想歷久彌堅，在中國大陸北京、上海、江蘇、廈門等 20 個城市，皆設有「陳鶴琴教育思想研究會」，活躍於中國大陸教育界。

向陳鶴琴學習

綜觀陳鶴琴一生，有許多值得臺灣教育界學習的地方。

第一，陳鶴琴「熱愛兒童、一切為兒童」的童心、赤子之心，是最值得我們學習的。相信臺灣的中小學和幼兒園的教師們，若能保有熱愛學童的赤子之心，當能抱著誨人不倦的師道精神，教導學童，使他們成為健全的公民。

第二，陳鶴琴重視家庭教育。家庭是學童成長的第一線，教育子女更是父母的天職，強化、落實家庭教育的功能，是當前臺灣教育界必須重視的。同樣的，為使每一個孩子都能教育成功，老師有必要和家長充分合作，尋求家長的參與和助力，帶給學童最佳的學習與成長。

第三，陳鶴琴重視平民教育的普及。陳鶴琴在 1935 國際兒童年曾立了一個宏願：「願全國兒童從今日起，不論貧富、不論智愚，一律享受相當教育，達到身心兩方面最充分的可能發展。」他一生為這個宏願，奮鬥不已。同樣的，我們每一位老師應認同這樣的理念，願意為較貧窮、較愚鈍的孩子，付出更多的心血，筆者想這便是「教育愛」的真諦。

第四，陳鶴琴具有科學的態度與方法。陳鶴琴研究兒童心理、家庭教育、心理測驗等，係藉重西方的科學方法，研究本土的現象。他辦理幼兒教育、小學教育、師範教育，也係以科學的態度和方法，體察中國國情，辦理出既科學化又具有民族特色的教育。同樣的，臺灣的學校行政人員和老師們若能有「行動研究」的態度和方法，針對自

己的問題，加以解決，將能使自己的行政或教學效能不斷提升。

第五，陳鶴琴以行動實踐理想。陳鶴琴不願意當「在象牙塔裡的學者」，他走出舒適的學術圈，以實際辦學，來作新民，來改變一個民族。然後在辦學中，總結成圓熟的教育思想與學說，可說是「知行合一」、「理論融合實務」的最佳典範。同樣的，臺灣的教育學者若能長期參與實務經驗，做中學、做中求進步，當能建構更符合教育現場的理論體系。

最後，陳鶴琴在活教育思想中，「以人為本」的教育目的論、「以學習者為中心」的學習理論、強調「以自然和社會為教材」的課程論、「以做中學、做中求進步」的教學方法論，雖然其學說年代已非常久遠，但是還是歷久彌新，仍符合當前臺灣教育界的需求，若能善加運用，當可活化臺灣中小學及幼兒園的課程與教學，培養出具有創造力又有合作態度與服務精神的現代國民。

對教學輔導教師制度的啟示

陳鶴琴對幼兒教育的重視具有啟發性。國內教學輔導教師制度的推動常以中小學為重心，而較忽視幼兒園亦有教學輔導教師設置的必要，因為在國內幼兒園裡，每年都有許多初任教師與新進教師需要獲得應有的支持與協助，以度過青澀且適應不易的教職初期。

陳鶴琴以「以人為本」的教育目的論具有啟發性。它啟發教學輔導教師要以人文的關懷，對待夥伴教師。以成就夥伴教師為唯一目的，而夥伴教師的成功，就是教學輔導教師成功的指標。這種「己立

立人，己達達人」的精神，是何等的高尚。

　　陳鶴琴「以學習者為中心」的學習理論，是值得教學輔導教師學習的。陳鶴琴常說：「兒童是太陽」，而老師的教學是為服務兒童而生的。同樣的，教學輔導教師在帶領夥伴教師時，亦應常存「以夥伴教師為中心」的概念，時時留心夥伴教師的教學狀況，並對夥伴教師的需求，提供貼切的回應。

　　陳鶴琴的思想亦提醒教學輔導教師要善用科學的輔導方法。教學輔導教師的輔導作為不能僅憑過去的受輔導經驗，然後將這種經驗複製、強加到夥伴教師身上，造成輔導成效的不彰。須知每一位夥伴教師都是獨立的個體，其所遇到的問題、其所能接受的教學輔導模式和經驗往往個個不同，必須用科學的方法、理性的態度，加以探究和有效因應。

　　陳鶴琴以行動實踐理想的具體作為是值得教學輔導教師學習的。「做而言不如起而行。」當以科學的方法掌握教學輔導的方向後，就要一步一步踏實地實踐輔導策略。實踐過程中，再依夥伴教師的反應做適當的調整和修正。如此，時日一久，便可顯現輔導成效。

　　教學輔導教師制度的國際化固然是現代教育發展趨勢之一，但陳鶴琴的思想也告訴我們，制度的本土化亦不容忽視，例如：英、美先進國家的教學輔導教師幾以輔導初任教師為限，但我國國情特殊，近年來新聘的初任教師較少，且由於新課程綱要和新教學法的推動，以及不適任教師問題受各方所重視，是故我國教學輔導教師固然仍以輔導初任教師為主，但亦有承擔一般教師專業成長或教學困難教師輔導的必要性。能體察臺灣特有的教育情境，辦理出既科學化又具有民族

特色的教學輔導教師制度，應是國內有志者的共同努力目標。

結語

　　人的一生有限，如何在有限的人生中，立定志向，努力學習，學有所成後，奉獻社會、奉獻國家，以他人的福祉為福祉，以他人的發展為個人的終身志業，是陳鶴琴留給我們的榜樣。過程中雖辛苦但甘之如飴，雖遭受迫害，仍不改其志。有了這樣的典範作為我們暗夜中的明燈，教育事業之推動，何患不成。

6

胡適　倡導自由、民主與科學的大師

　　胡適是我國第一位提倡白話文和新詩的學者，他所倡導的國語文改革運動，是我國教育史上值得大書特書的教育改革。他所主張的自由、民主與科學亦深深影響我國教育發展與現代化。胡適名滿天下，謗亦隨之，但他認為如果是對的事、對國家社會有利的事，他總是勇往直前地努力不懈，這種讀書人的氣節是吾輩學習的楷模典範，但願他的教育理想能在我國早日實現。

在國中的國文課本中，曾讀到胡適先生所寫的「我的母親」一文，對於先生透過淺白散文所表達對母親的感激與懷念，深受感動。此外，筆者在求學的生涯中，亦常耳聞先生所說的「大膽的假設，小心的求證」這句代表科學態度與方法的經典名言。可見胡適對於像筆者這一代的人，是有相當深遠的影響力，然而隨著時間的流逝，知道他的人也愈來愈少了。因此，對於他的生平事蹟以及教育思想，深覺對國人，特別是年輕的一代，有加以介紹的必要。

勤勉向學的學生時代

　　據楊承彬（1999）的記載，胡適（1891-1962）係安徽省績谿縣人，生於上海浦東，父親胡傳先生為飽學之士，為清廷官員，並曾於1893年奉命來臺灣任職，惟在胡適三歲時，就因1895甲午戰敗年，客死廈門他鄉，是故，胡適的早年教養及其後的成就多歸功於母親。胡適曾說：「我的恩師，就是我的慈母。」又說：「我母親管束我最嚴，她是慈母兼任嚴父。」

　　雖然父親過世甚早，以致家境十分艱難，但由於胡適的母親非常重視教育，在胡適三歲多時，便將胡適送到四叔介如先生的學塾就學。當時胡適小而體弱，但是非常的聰穎好學，九年之間就熟讀了不少中國的古書和史書，奠定了非常好的國學和史學基礎。更在九歲時因偶見《水滸傳》，便開始在課餘之暇，到處借小說，讀小說，到了13歲離開家鄉時，便已經讀了30多部小說，成了標準的小說迷，但也就是這些小說不但滿足他的求知慾，也在不知覺中強化了他白話散

文的訓練，種下他日後推動白話文運動的種籽。

　　光緒 30 年（1904），胡適先生跟隨三哥進入上海梅溪學堂，開始接受新式教育，學習表現優異。一年後，轉入學科較為完備的澄衷學堂。這段期間，胡適除了認識四書五經之外的中國學術思想之外，他的思想有兩方面的新發展：一是「物競天擇，適者生存」的進化論觀念，二是思想自由、言論自由的觀念。光緒 32 年（1906），胡適先生 15 歲，考取上海著名的中國公學，但因為貧窮要籌措學費，他便擔任《競業旬報》的主編並撰寫了不少白話文的文章。光緒 34 年（1908），胡適先生更在 17 歲時，一邊就學，一邊被中國新公學聘為英文教員，每天上課六小時。可見，胡適先生當時的經濟拮据，但是因為他的聰明才智以及他的勤奮努力，他在學問上有很大的長進，可說是一位才華橫溢的讀書人。

　　宣統二年（1910），胡適先生 19 歲便考取了清廷第二次所舉辦的官費留學考試，乃遠赴美國康乃爾大學（Cornell University）先讀農科，後來改習文科，就學期間，他非常關心祖國的發展，並被選為世界學生會的會長，初展領導的才能。民國四年（1915），胡適先生轉哥倫比亞大學師範學院（Teachers College, Columbia University）攻讀哲學，受業於大哲學家杜威（John Dewey, 1859-1952），受杜威學術思想的影響甚深。民國六年（1917），先生於 26 歲時，在哥大完成博士學位，畢業論文係《中國古代哲學方法之進化史》，可見先生以西方科學方法治中國哲學之用心。

北大任教與文學革命運動

　　民國六年（1917）初，胡適先生在《新青年》發表〈文學改良芻議〉，同年9月，受聘爲北京大學文科教授，開始數十年的教學生涯。任教期間教了傅斯年、羅家倫、顧頡剛等眾多著名學者與教育家，也發表了無數重要著作，諸如〈歷史的文學觀念論〉、〈建設的文學革命論〉、〈人權與約法〉、〈易卜生主義〉、《人權論集》等，對於我國國語文學改革運動和自由平等人權觀念的推動，發揮關鍵性的作用。此外，胡適先生所著的《中國哲學史大綱·卷上》、《戴東原的哲學》、《中國中古思想史長編》、《白話文學史·上卷》對於我國文史哲的發展亦有相當重要的貢獻。

　　除了教學與研究，先生在社會服務上更是抱著愛國主義的理想，身先士卒地帶動社會改良的風潮。例如：積極參與民國六年（1917）開始的「新文化運動」，以及民國八年（1919）的「五四運動」，係當時的社會清流與意見領袖。此外，胡適亦參與《新青年》的編務，並創辦《努力週報》、《現代評論》、《獨立評論》等，企圖以輿論的力量，促進國事的健全發展。在民國初年，中國政治環境不佳、社會動盪不安、思想極不穩定的年代，胡適用心之良苦，望治之心切，躍然紙上。

　　在胡適爲中國而奮鬥的年代裡，民國八年（1919）是一個重要的年份。當年發生了兩件大事。其一是「五四運動」，藉由運動帶來民主與科學以及全盤西化的風潮，先生所鼓吹的文學革命——白話文運動，屆於成功。並且在民國九年（1920）教育部所頒布的中小學課

程標準中，規定採用「白話文」，編定「國語教科書」，逐年實施。從此中小學生以白話文學習國語文以及其他各學科成為常態，先生推動白話文文學及教學，實功不可沒。

其二是胡適的恩師杜威博士來華講學，杜威從 1919 年 5 月到 1921 年 7 月在中國講學期間，胡適曾陪同並擔任演講口譯工作，時間長達兩年兩個月，協助恩師對於中國之教育發展產生重大影響，例如：北洋政府於民國 11 年（1922）年頒布「新學制」，揭櫫以民主為教育基本原則以及採美國式的「六、三、三」學制，仍沿用迄今。

教育文化與政治事業的推動

胡適先生並不是一位單純的教書匠，基於讀書救國的使命感，先生亦盡心盡力於教育與政治事業上，在動亂的年代為中國的前途積極奮鬥。民國 15 年（1926）先生赴歐美考察，除讀書寫作外，並應邀到各大學演講。民國 17 年（1928）先生就任母校——中國公學的校長。民國 18 年（1929）先生被推選為中華文化教育基金會董事。民國 19 年（1930）辭中國公學校長職，擔任北京大學文學院長。民國 20 年（1931），九一八事變後，先生為文聲討日本侵華行為並提出諸多國是建言。民國 24 年（1935），先生膺選為中央研究院評議員。民國 26 年（1937），「蘆溝橋事件」引發全面對日抗戰，先生受邀參與國民教府所召開的「廬山談話會」，會中提供諸多政策性意見。同年 9 月奉命赴歐美宣揚我國對日抗戰之意義，全力爭取歐美各國的支持。民國 27 年（1938）擔任駐美全權大使，在四年的任期內，

獲得廣大的美國民眾對於我國的同情與支援。民國 34 年（1945）擔任舊金山聯合國會議的代表，全力爭取我國在聯合國的權利與地位。

民國 35 年（1946）胡適接任北京大學校長並被推選爲國民大會制憲代表，開會時並被推選爲主席。民國 36 年（1947）被選爲第一屆國民大會代表，並擔任主席團主席。民國 37 年（1948），被選爲中央研究院院士，在南京出席第一次院士會議。民國 46 年（1957），經總統任命，胡適獲聘爲中央研究院院長。

綜觀胡適在民國 15 年後至大陸淪陷的這一段期間，先生不但擔任各種要職，也代表國家奔波於世界各地，對於國家的教育、文化、政治、外交等事業，做出長期宏偉而堅苦卓絕的貢獻。

科學與研究事業的推動

爲推動我國的科學事業，先生依吳大猷先生的建議，於民國 47 年（1958）擬訂「長期發展科學計畫」，獲我國政府及美國政府的支持，遂於民國 48 年（1959），我國政府成立「國家長期發展科學委員會」（現科技部的前身），由胡適任主委，教育部長梅貽琦博士爲副主委，開始推動我國科學發展的長期工作，篳路藍縷，以啟山林，不可不謂「任重而道遠」，實在令人敬佩！

民主與自由的鬥士

胡適先生為人雖寬容和藹，平易近人，但個性耿介，為真理而不屈。胡適早年因被誤解為倡導全盤西化（其實他倡導的是充分現代化），屢遭守舊人士的攻擊。另依維基百科（2020）的記載，在北京大學校長時期又因常著文批評唯物辯證論及馬克思主義的階級鬥爭，乃在 1950 至 1970 年代中國大陸「極左」時期受到嚴厲批判，但先生仍不改其志。

在中央政府遷臺後，雷震為了宣揚民主自由而創辦《自由中國》雜誌，請胡適擔任發行人。雖然胡適於民國 42 年（1953）辭去發行人職，但仍為該刊顧問，長期關注《自由中國》及臺灣言論自由進展，不因辭去發行人，亦或返國擔任中央研究院院長後而有所降低或減弱。《自由中國》雜誌曾經是臺灣省戒嚴時期唯一的民主思想重鎮，但後來《自由中國》於民國 49 年（1960）遭到停刊，雷震等也遭誣陷入獄，胡適雖未受到株連，但他也力諫蔣介石，並盡力參與營救雷震等人，不過並沒有成功，最後雷震等被軍事法庭以「包庇匪諜、煽動叛亂」的罪名，判處十年徒刑定讞。

哲人其萎

由於長期的疲勞過度，胡適晚年患有心臟病，不幸於民國 51 年（1962）2 月 24 日，參與中央研究院第五屆院士歡迎酒會時，心臟病突發，逝世於臺北縣南港鎮（今臺北市南港區）。停棺瞻仰遺容

時，往祭者絡繹不絕；出殯時，數十萬人自動參與送殯行列。墓誌銘由知名學者毛子水撰文，金石名家王壯爲先生書寫：

> 這是胡適先生的墓，生於中華民國紀元前 21 年，卒於中華民國 51 年。這個爲學術和文化的進步，爲思想和言論的自由，爲民族的尊榮，爲人類的幸福而苦心焦思，散精勞神以致身死的人，現在在這裡安息了！我們相信形骸終要化滅，陵谷也會變易，但現在墓中這位哲人所給予世界的光明，將永遠存在。

胡適的教育思想

依楊承彬（1999）在〈胡適〉一文的記載，胡適的教育思想主要有四個。在教育思想的本質上，胡適先生延續其師杜威博士「實用主義」的學說，主張「教育即生活、生長和經驗的不斷改造」。是故，學校裡的學習應和學校外的生活連在一起，學生要學習適應社會，繼而改造社會，協助建構一個更美好的社會。在教學上，第一要培養學生「智能的個性」，即「獨立思想，獨立觀察，獨立判斷的能力」；第二要養成學生「民主參與的群性」，即對社會事業和群眾關係的興趣。爲培養學生智能的個性，他常常提到「大膽假設，小心求證」這兩句話，代表科學的、實證的思維過程。

國語文改革運動，是胡適的另一個教育思想，也是胡適最爲人稱

道的教育改革舉措。胡適的白話文主張主要有三點：其一，白話文可讀又可聽，較之文言文之可讀但聽不懂，適宜作爲普及教育的工具。其二，白話文可廣爲士農工商等廣大群衆所使用，是進化的文字。其三，國語文的教學方法要多研究改進，摒棄強記死背的教學法，改用討論、自由發表、表演、戲劇等活的教學法。

胡適先生畢生提倡民主與科學，在科學教育上亦有四個獨特的見解：其一，科學精神在尋求事實，尋求眞理。其二，科學的態度在撇開成見，擱起感情，只認識事實，只跟著證據走。其三，科學的目的在謀求人類生活的改善，增進人類幸福的生活。其四，科學的方法即大膽地假設，小心地求證。

在學校教育上，胡適極力主張宜早日普及中小學教育以厚植國本，並消除盲目的「升學主義」。此外，中等教育不能忽視具有「實用」性質的職業教育，使學生在畢業後即能學以致用，人盡其才。在高等教育上，要充實大學的師資和設備，並且強調「學術獨立」的精神。

向胡適學習

胡適是中國的大教育家，他的言行事蹟和思想，在教育上有許多值得學習或啟示的地方。其一，從胡適之成就歸功於母教，可見家庭教育的重要性。家庭教育、學校教育和社會教育同是教育的三根支柱，沒有好的家庭教育，學校教育難以竟全功；而不良的家庭教育常是學生問題行爲的來源。教育界所流行的一個名言：「少年偏差行

爲，種因於家庭，顯現於學校，惡化於社會。」便是這個道理。

第二，閱讀教育的重要性。從胡適從小就喜歡閱讀，除中國的古書和史書之外，他在 13 歲便已經讀了 30 多部小說，不但滿足他的求知慾，也在不知不覺中強化了語言表達能力。是故，學校和社區不僅要多設置圖書館和充實圖書設備，如何加強閱讀教學和閱讀活動，培養學生閱讀的興趣和能力，也是學校教育和社會教育所必須重視的工作。

第三，中英雙語教育的重要性。從胡適在 17 歲時，就能當英文教師，之後更留學美國、在歐美講學，甚至當上駐美大使及聯合國代表，成爲美國羅斯福總統的好友，便可知學習英語，以及學習第二外語的必要性。畢竟，當今世界是個國際地球村，而臺灣實無法鎖國而治，在經貿、政治外交、教育文化上，勢必與世界各國有密切的接觸與合作，而此時外語成爲溝通的工具，沒有這個工具，臺灣寸步難行。

第四，科學教育的重要性。科學爲實業之母，胡適深感中國之貧窮落後，其原因之一，便是科學的現代化嚴重落後先進國家，因此仍高倡「長期發展科學計畫」，並致力於科學教育之著述。因此，如何有效培養學生具有科學的精神與態度，並運用科學的方法獲取知識與經驗，進而改良社會與創造人類文明，是教育工作者必須重視的課題。

第五，學校與生活的充分結合。胡適主張教育就是生活，是故學校教材的內容應以社會生活爲中心，全部課程即是人生的全部經驗，包含歷史、人文與藝術、社會科學、自然科學、體育與勞動等。教學

方法上要以學習者爲中心，並且善用多元的方法，培養學生多元的學習興趣與能力。

第六，教育要一方面培養學生「獨立思想，獨立觀察，獨立判斷的能力」；另一方面要同時養成學生對社會事業和群眾關係的興趣，二者缺一不可。亦即個性與群性的兼備，自由與民主的融合爲一，這樣才是好的教育、卓越的教育。

第七，強調大學自治、學術獨立的高等教育。北京大學在蔡元培老校長的領導下，早就非常強調「教授治校、學術自由」的精神，摒棄政治力的介入，這種作爲在胡適擔任校長任內更是彰顯無餘，他所極力主張「大學自治、學術獨立」的高等教育，在當今臺灣還有努力空間，這從「臺大校長管中閔的聘任事件」深受政治力所介入，便是一個顯例。

最後，終身學習的必要性。俗語說：「活到老，學到老」，胡適本人自幼即勤勉向學，及長不但對文史哲有充分的涉獵，而且對於社會科學以及自然科學亦有所探討和研究，所以他是一位終身學習的楷模。

對教學輔導教師制度的啟示

胡適的言行與思想，對於教學輔導教師制度亦有諸多的啟示。首先，胡適先生正直不阿、胸襟豁達、寬容和藹、平易近人的爲人處世之道，是非常值得教學輔導教師學習的。教學輔導教師要成功地輔導夥伴教師，就必須具備溫暖熱情、平易近人的人格特質，並且能包

容、尊重夥伴教師的需求與教學模式。

胡適先生認為如果是對的事、對國家社會有利的事，他會無所畏懼、勇往直前地努力不懈，他這種「苟利國家生死以」的精神也是值得教學輔導教師學習的。教學輔導教師作為一位教師領導者，不能抱持獨善其身的態度，而對於夥伴教師或學校革新與發展有利的事，應該勇往直前的去做或去建言，這樣才能負起作為一位專業人員的專業責任與態度。

教學輔導教師教學輔導的內容，宜根據夥伴教師的需求，以具有實用性的知識與經驗為輔導內容。除了傳承教學經驗之外，宜鼓勵夥伴教師在實際的教學經驗中，「做中學，行中思」，改造自己的教學經驗，以適應學校的教學環境，進而能協助建構更美好的教學環境。

教學輔導教師宜以科學的態度和方法進行輔導。教學輔導教師在情感上固然要關心夥伴教師，與夥伴教師建立信任關係，但在態度上要「撇開成見，擱起感情，只認識事實，只跟著證據走。」在方法上，要「大膽地假設，小心地求證。」這樣才能依據事實的診斷，協助夥伴教師解決教學問題。至於在擔任教學輔導教師後，轉擔任「研究教師」者，也應秉持科學的態度，用科學的方法，進行學校現場議題的研究，為學校的革新與發展奉獻心力。

教學輔導教師宜培養夥伴教師「獨立思想，獨立觀察，獨立判斷的能力」，成為在教學生涯上能獨立自主，又能與同事協同合作的教學專業人員。另一方面，教學輔導教師亦要鼓勵夥伴教師對學校事務的關心與參與，這樣才能充分落實校園的民主與參與。

最後，教學輔導教師宜與夥伴教師一起進行終身學習。就像胡適

先生能做到「活到老，學到老」的境地。學習可以是個人式的，更可以是協同合作的。是故教學輔導教師若能以教師專業學習社群的方式，與夥伴教師共同參與學習，不但可以增進彼此的情誼，亦可有效增進自己的專業能力，實在有一舉兩得的功效。

結語

胡適自幼不畏貧寒，聰穎好學，及長博學中西，對於哲學、史學、文學、科學、教育、文化等皆有涉獵，又因勤於研究及寫作，以至著作等身，為學術界引領風潮的大師級人物。然先生不以學術研究為既足，處處留心社會問題，時時關心政治，企圖為苦難的中國走出一條自由、民主、科學、教育與文化昌明的康莊大道。然由於時代的種種限制，先生的理想迄今在臺灣仍未充分的實現，特別是中等教育的升學主義問題以及大學的自治和學術獨立，仍有待作為後輩的我們，接棒持續努力，卒底於成。

7

康米紐斯 顛沛流離的理想主義者

　　康米紐斯處在一個戰亂的年代，兩
度家破人亡、長期流亡海外，但他不怨
天尤人，憑著教育與信仰的力量，活出
精彩與正向的人生。他豐富的教育實務
經驗以及傑出的教育經典著作，啟迪著
一代代的學者和老師們，一同走向教育
的理想之路。

筆者在初任教職時，曾讀過林玉体（1980）的《西洋教育史》。36 年後，又重新將該書讀了一遍，溫故而知新，對於書中諸多教育家的思想有進一步的理解，特別是對於康米紐斯（John Amos Comenius, 1592-1670）在顛沛流離的人生旅程中，還是那麼的熱愛教育、堅持信仰，讓筆者深深感動，因此亟思把康米紐斯的生平事蹟和教育思想做一個整理，作為自我省思與他人學習的參考。

在不幸的童年中成長

據田戰省（2011）的記載，康米紐斯在 1592 年生於捷克摩拉維亞的一個小磨坊主的家庭，父親篤信基督新教，係「捷克兄弟會」的一員。不幸的是，在康米紐斯 12 歲時，父母雙亡，兩個姐姐也先後離世，康米紐斯頓時成為無依無靠的孤兒，幸賴講互助、重教育的「捷克兄弟會」收留，康米紐斯得以存活下來，並接受良好的教育。後來，正是因為兄弟會的這種互助互愛精神，蘊育了康米紐斯既堅毅又善良的品格。

在「捷克兄弟會」的資助下，康米紐斯很幸運的在 16 歲時，進入因文藝復興運動所建立的一所拉丁文法學校就讀，雖然康米紐斯因求學較晚而在年紀上比同學們大幾歲，但由於心智與理解能力的成熟，加上求知若渴、刻苦勤學的毅力，康米紐斯成績表現十分優秀，引起「捷克兄弟會」的主教拉涅修斯（Lanecius）的注意和欣賞。拉涅修斯主教除了支持康米紐斯繼續完成大學學位外，亦賜給康米紐斯一個中間名字 —— Amos，意思就是「愛」。

教師牧師「雙師」生涯

據劉幸枝（2010）的記載，康米紐斯在 1611 年就讀德國赫爾本大學（University of Herborn），主修哲學和神學。1613 年，爲擴大視野，轉到海德堡大學（Heidelberg University）就學。1614 年，以無比感恩的心情，展開千里徒步返鄉服務的旅程，矢志一方面獻身教育，另一方面準備從事信仰傳播的工作。

1614 年，康米紐斯時年 22 歲，回到母校普雷洛夫拉丁文學校擔任拉丁文教師。初爲人師，他即展露唱作俱佳的教學天賦。他摒棄當時教學界所普遍採用的背誦式教學以及體罰的傳統，改採結合生活經驗、按部就班、活潑生動的教學方法，不但能引起學生學習動機，也能在師生愉悅互動中，顯著提升學生的語言能力。

爲了簡化傳統繁雜的拉丁文法，並讓學生能學以致用，康米紐斯非常用心地編寫上課講義，並將這些講義於 1616 年出版生平第一本教育專著《簡明文法規則》（*Simple Grammatical Rules*）。同年被按立爲牧師，開始既是教師又是牧師的「雙師」生涯。

屢受戰爭摧殘 —— 顛沛流離的日子

康米紐斯在 1618 年與市長千金瑪達蕾娜結婚，育有兩子。同年轉調富內克中學任職校長，並擔任教區牧師。就在康米紐斯辦學順利、傳道有成、家庭幸福美滿之際，捷克爆發了反對神聖羅馬帝國的起義，並引燃了新舊教衝突的「三十年戰爭」（1618-1648）。此一

戰爭帶給了康米紐斯晴天霹靂的一擊，迫使他走向流亡逃難的日子。

　　事情的發生經過是這樣的，捷克古稱「波西米亞」，人民多信仰新教（基督教），但長期以來受信仰舊教（天主教）的神聖羅馬帝國所統治。1618 年 5 月，幾名信仰新教的波西米亞貴族衝進布拉格宮，把兩名神聖羅馬帝國的特使丟出宮外山崖，並宣布武裝起義，成立臨時政府。康米紐斯雖然素來反對戰爭，但基於民族獨立以及信仰因素，他選擇支持臨時政府。無奈此一十分自然的選擇，卻使他大禍臨頭。

　　1621 年，天主教同盟成員之一的西班牙軍隊攻占了富內克，並殘忍地放火屠城。雖然康米紐斯全家倖免於難，但所經營的學校、三年來努力建立的圖書館以及多年的手稿均毀於烽火。復由於是頭號通緝犯之一，只好隻身逃入拉摩維亞山林避禍。1622 年，緊隨戰爭後的瘟疫又奪走康米紐斯的妻子和兩個兒子。在遭逢人生第二次家破人亡之大不幸，康米紐斯在痛不欲生的情況下，遂寫下了《世界迷宮與心靈樂園》（*The Labyrinth of the World and the Paradise of the Heart*）之不朽篇章。此書寓意著世人處於貪婪不義、弱肉強食的世界迷宮中，唯有藉由信仰的光才能走出迷宮，重拾一處寧靜的綠州。

語文教科書之父

　　1628 年，康米紐斯被迫離開拉摩維亞故土，逃亡到波蘭的萊茲諾，任萊茲諾中學教師與教區牧師，但從此未能踏回故土，成了康米紐斯終身的遺憾。

康米紐斯雖流亡海外，但在教育事業上卻卓然有成。爲了改善傳統的拉丁文教學方式，康米紐斯採捷克文與拉丁文雙語對照，以小型百科全書的方式，羅列常用的拉丁文字以及實用句子，1631 年著成在全歐空前轟動的《入門》一書，隨後復又出版濃縮精簡版的《探索》以及進階版的《堂奧》和《寶庫》等三本書，這一套系列叢書，內容由淺入深，由簡及繁，有廣度亦有深度，爲當代教科書的典範之作。

教學內容與方法的改善

1632 年，康米紐斯以捷克語出版了他的教育學鉅著《母育學校》（*Mother School*）和《大教學論》（*Great Didactic*）。《母育學校》係幼兒學前教育的開創性作品，深深影響其後幼兒教育學者福祿貝爾（Friedrich Froebel, 1782-1852）和蒙特梭利（Maria Montessori, 1870-1952）的思想。

《大教學論》倡導泛智教育，認爲身爲萬物之靈的人類，人人皆應有接受教育的機會，而在學校裡宜接受全人通識教育，這樣才能不但具有廣博的知識，且有美好的道德和虔誠的信仰。在教學方法上，則採具時代前沿的「感官唯實教學」和「自然教學」。他認爲教師應提供給學生的，不僅是物體的影像，而是以具體物本身爲最佳，而透過實物觀察，才能增加學童的感官印象和豐富的想像力。教學內容最好從大自然中取材，透過「明確」、「具體」、「簡易」三大教學原則來取代傳統死背強記的填鴨式教育。

現代學校教育體制的建構

康米紐斯不只在教學內容和教學方法上有劃時代的貢獻，在學校教育體制的建構上亦有卓越的創見。他根據學生身心發展的自然程序，設計了六年為一階段的四個教育階段，可以說是現代學校教育的雛型：(1) 母育學校，由母親教導出生至六歲的兒童，此時母親即教師，家庭即學校，強調知識百科的生活教育；(2) 國語學校：設立於每一村鎮中，7-12 歲的兒童，不分階級、性別、種族，全民入學，一律接受以地方語言為主的教學，內容強調實用以及廣博的知識和技能；(3) 拉丁學校：設立於每一城市中，收容 13-18 歲的學生，培養學生學習文法、修辭、辯證、算術、幾何、天文、音樂等「七藝」；(4) 大學：設於國都，教育 19-24 歲的學生，係為政府或教會培養菁英人才所提供的高等教育學府，學生除博通各種學科之外，還應專精於一個學科，所謂「為學要如金字塔，要能博大，要能高」，便是同樣道理。

美麗的兒童插圖書 —— 世界圖解

1641 年，康米紐斯應邀訪問英國倫敦，推廣泛智教育。1642-1646 年，為了使瑞典政府支持捷克復國運動以及支助捷克兄弟會，康米紐斯委屈求全地為瑞典政府編寫拉丁文教科書和字典。1648 年，三十年戰爭結束，由於國際政治現實，康米紐斯滿心寄望瑞典政府幫助自己國家獨立的願望並未能實現。絕望之餘，康米紐斯回到波

蘭，被推選為捷克兄弟會的總主教，除了繼續既往的教育與信仰傳播事業外，亦幫助匈牙利辦理泛智學校。

1657 年康米紐斯出版了享譽國際的語言教學課本《世界圖解》（*World Illustrated*），係教育史上第一本有圖畫的教科書，風行歐美多達兩個世紀，深受教師、學童及家長所喜愛。本書被翻譯成英文、法文、西班牙文、阿拉伯文、俄文等數十種語文，由於內容充實、文字簡練、圖文並茂，係 19 世紀以前，世界各國所通用的語言學習讀本。

倡導世界和平

不幸的，由於瑞典與波蘭的戰爭，康米紐斯在 1656 年遭受第三次橫禍。由於波蘭國王約翰二世懷疑捷克兄弟會暗中支持瑞典，乃焚毀萊茲諾城並通緝康米紐斯，康米紐斯被迫流亡荷蘭阿姆斯特丹，過著第二度流亡的生活。

望著遙不可及的歸鄉路，康米紐斯有無限的失望和茫然，但是歲月的風霜和信仰的正向力量，引導康米紐斯放下了復國建國的執著，轉而以餘生之力倡導世界和平。康米紐斯憂患的一生，扮演了學子的教師、信徒的牧者，這時他受上帝感召，要成為忠告世界的導師。1667 年他出版《和平天使》（*The Angel of Peace*），1668 年出版《促進人類福祉的總建議》（*General Consultation about the Improvement of Human Affairs*），書中建議世界各國領袖召開國際會議，處理國際糾紛；成立國際組織，提升科學與文化教育；設立國際法庭，解決

國際間諸多的宗教、種族爭端。1669 年完成一生中的最後一本重要著作《不可少的一件事》（*The One Thing Necessary*）——亦即回歸救主耶穌基督的懷抱。

身後的哀榮

1678 年，康米紐斯在阿姆斯特丹去世，享年 78 歲。他的復國理想，一直要到第一次世界大戰後才真正實現，但他對教育界的影響力卻歷久彌堅。1992 年，聯合國教科文組織以康米紐斯為名，頒發勳章獎勵世界各國教育改革有功人士。1995 年，歐盟推出為期 12 年的教改方案，其中一套方案命名為康米紐斯計畫（Comenius Plan），用以幫助歐洲各國偏遠地區的學童，不但能平等接受優質教育，而且透過語言與文化的交流，成為具有國際視野的公民。

向康米紐斯學習

綜觀康米紐斯的一生，有許多值得筆者和國內教師們學習的地方：

第一，康米紐斯能將不幸遭遇轉換成為成長奮鬥的力量。盱衡康米紐斯的一生，正應驗了《孟子》一書中所說的：「故天將降大任於斯人也，必先苦其心志，勞其筋骨，餓其體膚，空乏其身，行拂亂其所為，所以動心忍性，曾益其所不能。」康米紐斯歷經兩度家破人亡、長期的流亡海外，遭遇了人世間的無比苦難，他是最有資格向這

個不公義的社會控訴的，但是他從不怨天尤人，總是能在絕望之餘，化悲憤爲力量，而在教育界有了無與倫比的成就，這是非常非常值得吾人學習的地方。

第二，康米紐斯相信教育的力量。康米紐斯之所以選擇教育工作，固然一方面是要回饋捷克兄弟會對他的栽培，但更重要的是，他相信「知識就是力量」，藉著教育活動，他相信可以改造這個不公義的社會。教育人群乃成爲他終生的志業，即使在顛沛流離間，他也樂此不疲。同樣的，每一位立志於教職的我們，若能莫忘初衷，當能盡心竭力，出類拔萃。

第三，康米紐斯具有強烈平民教育的思想。在 17 世紀的歐洲社會，教育機會並未普及至平民大眾，康米紐斯在當時就能倡導不分階級、性別、種族、身分、貧富，一律接受國語學校教育，也是相當有遠見的。同樣的，如果現代的教師們願意投入偏鄉，或者對於貧窮學生、少數族裔學生、文化不利學生、行爲偏差學生都能「有教無類」，進而「因材施教」，那麼至聖先師孔子的兩大教育原則便可充分實現。

第四，康米紐斯具有研發教材的卓越能力與表現。康米紐斯爲了提供給學子有用的教材，自行研發了無數拉丁文教材或講義，這些教材或講義，後經改寫爲拉丁文教科書，乃成爲語文教科書經典之作。同樣的，作爲現代的教師，我們不宜過度依賴坊間的教科書，而要有依學生學習的需求自編教材或講義的能力，自編教材應是現代教師的基本功，萬不可自廢武功。

第五，康米紐斯不斷在教學方法上尋求突破。康米紐斯處於拉丁

文教學強調死記硬背的填鴨式教育年代，對於這種「教死書，死教書」的方式十分不滿意，因而在教學內容上提倡以大自然為教材的「活教材」，在教學方法上則採具體、活潑、生動、簡明的感官唯實教學和自然教學法。同樣的，我國的教師們若能在既有的教學基礎上，根據學生不同的學習樣貌，適時適度應用「有效教學」、「活化教學」、「差異化教學」、「分組合作學習」、「學習共同體」、「翻轉教學」、「素養導向教學」等教學創新策略，便是具有與時俱進精神的專業教師。

第六，康米紐斯係國際教育的先驅。康米紐斯不但反對戰爭，更深知世界各國公民彼此相互理解與學習的重要性，他自己也為泛智教育的國際化以及國際教育組織的催生不遺餘力，可說是一位國際教育的使徒。同樣的，國內的學校若能以城鄉交流為始，逐步推廣到與世界各國的交流，當可培養學生成為具有國際視野的世界公民。

對教學輔導教師制度的啟示

康米紐斯的一言一行實亦對臺灣的教學輔導教師制度有諸多的啟示。首先，吾人要有康米紐斯般的信心和毅力，相信教學輔導教師制度是當代教育發展趨勢之一，它對於初任教師的導入輔導、一般教師的專業成長、以及教學困難教師的介入輔導可以發揮功能。此一立意良善的制度在歐美先進國家早已法制化，成為學校運作中很自然的一部分，而在我國卻仍處於少數學校、少數教師自願推動的情況，實在離理想還很遙遠。這不但顯現了我國教育行政機關的不作為、教師文

化的保守封閉，亦顯現了在國內推動教育革新與發展之不易，但也是因爲改革推動之不易，更考驗推動者的耐心和毅力。吾人堅信此一教師專業化的時代需求，永遠不會磨滅，而教學輔導教師制度總有一天會完成法制化和普及化。

有機會擔任教學輔導教師的資深優良教師們亦要認同教學輔導教師不僅僅是個「職稱」，它還是一個「助人的專業」、是一個「貴人啟導的歷程」，更是教師們「薪火相傳」的管道，而要有長期耕耘的毅力和努力。立下助人的宏願是第一步，有了理想的目標，推動過程中還要有策略、有柔性的堅持。「要怎麼收穫，先怎麼栽」，時日一久，自然會產出顯著的成果，而有「己立立人，己達達人」滿滿的喜悅。

爲了達成教學輔導的工作目標，教學輔導教師除了要有助人專業的素養，並且在方法與技術上力求突破。例如：在教學觀察與回饋上，新的觀察模式和技術有待開發和運用；在會談技術上，新的教練技巧有待學習。「工欲善其事，必先利其器」，教學輔導教師唯有多多充實自己，累積自己的教學輔導素養與技術，才能隨心所欲，在各種不同的輔導情境中，善加運用。

其次，教學輔導教師制度的國際交流也是很重要的。因爲教學輔導教師制度已是一個國際化的制度，我國教育學術機構實有必要與歐美先進國家進行有關教學輔導教師制度的學術交流。此外，教育行政機關亦有必要資助表現優秀的教學輔導教師至國外考察與學習，學成之後，可以學習他國長處，加速我國教學輔導教師制度的發展。

最後，從康米紐斯顛沛流離、挫折不斷的一生中，啟示我們信仰

的重要。有了一個正向的信仰，會讓我們在挫折與困頓中，獲得安慰、獲得療癒，從而有了再起的正向力量。此外，透過正向的信仰，也會讓我們有服務眾生的抱負和理想，就好像菩薩普渡眾生或者耶穌基督救贖世人一樣，這種「我為人人，人人為我」的服務領導精神，是非常值得在國內教育界倡導、推動的。

結語

康米紐斯說：「假我數年來指導教育活動，我就要改造世界。」這樣的雄心壯志，也許是我們難以做到的，但是康米紐斯在不幸的人生際遇中，仍有那樣的信心、毅力和勇氣，以及那種在逆境中不屈不撓的精神和表現，確實是我們每一個為人師表者學習的好榜樣。

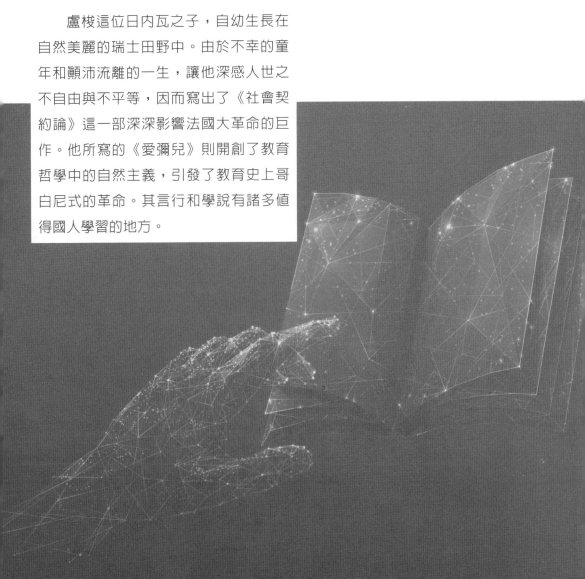

8

盧梭　自然主義的開創者

　　盧梭這位日內瓦之子，自幼生長在
自然美麗的瑞士田野中。由於不幸的童
年和顛沛流離的一生，讓他深感人世之
不自由與不平等，因而寫出了《社會契
約論》這一部深深影響法國大革命的巨
作。他所寫的《愛彌兒》則開創了教育
哲學中的自然主義，引發了教育史上哥
白尼式的革命。其言行和學說有諸多值
得國人學習的地方。

在個人學習教育以及從事教育工作的生涯中，盧梭（Jean-Jacques Rousseau, 1712-1778）是筆者耳熟能詳的教育哲學家之一。他的《愛彌兒》（*Emile*）在教育學界普遍傳頌著，而在教育實務上也影響了無數反傳統的教育家，他們以實驗學校的名義，在大力實踐盧梭的學說和理論。

不幸的童年

據裘奇（1980）與田戰省（2011）的記載，盧梭於 1712 年 6 月 29 日誕生於瑞士日內瓦的一個中產階級家庭。父親是位鐘錶匠，手藝精巧，母親是牧師的女兒，聰明賢淑。但不幸的是，盧梭出世不久，母親便因難產而永離人間，對此，盧梭成人後便曾說：「我的出生是我無數不幸中的第一個不幸。」

幸運的是，盧梭由端莊幹練的姑母養大，可以稍補失去母愛的缺憾。姑母樂觀愉悅的心性，溫暖婉約的人格特質，美麗的面容和儀態，給盧梭留下深刻的印象。盧梭日後愛好音樂的興趣也是由於姑母愛好歌唱所引起的。

另一個對盧梭有深遠影響的是與父親的共讀。盧梭母親生前留下許多小說，父親每日在晚餐後與盧梭互相誦讀，父子兩人常常因為欲罷不能而讀至破曉始歇。就在這樣日復一日的讀誦中，無形中養成他讀書的習慣，並逐漸充實和滋養了他年幼的心靈。

另外，故鄉瑞士處處優美博大的山岳，淙淙不絕的流水，鬱鬱蒼蒼的樹木，姹紫嫣紅的花朵，四季分明的天然美景，也早在盧梭童年

的心田裡，烙印下愛好大自然，歌頌大自然，追求回歸自然的性格與思想。

1722 年，盧梭在 10 歲時，父親因故與一位法國軍官發生法律糾紛而遠走他鄉。此時失去父親的盧梭只好到舅舅家住，舅舅為了讓他的孩子和盧梭接受較好的教育，就把兩位孩子一起送到一個寄宿家庭，接受一位牧師的教導，主要學習拉丁文和其他的禮儀。兩年學習期間，基本上是充實愉快的，直至有一天被牧師的女傭誤指為弄壞牧師妹妹的髮梳，而被牧師和牧師妹妹嚴厲的質問和處罰，這不但讓盧梭弱小的心靈受到嚴重的傷害，而且使盧梭對牧師的敬仰以及既往的師生之情煙消雲散。盧梭和其表兄也不願意就這樣子繼續求學下去。

難堪的學徒生涯

離開寄宿家庭之後，舅舅為了讓盧梭學得一技之長，乃在 1725 年初，盧梭 13 歲時，把盧梭送到一位法院書記官處學當書記，但盧梭並不喜歡這種單調乏味的職業，每日瑣碎的雜務更使盧梭精疲力盡，而這位書記官也不喜歡盧梭，覺得他懶惰、愚蠢，常出口惡罵盧梭，盧梭憤而辭退了第一個學徒工作。

1725 年 4 月，盧梭轉而學當一名雕刻家。他嗜好繪畫，對雕刻工作有興趣，也記取了先前學習失敗的教訓。然而雕刻家師傅卻是一位性情粗暴的人，對盧梭十分的嚴苛，使得盧梭變得孤寂與沈默寡言。有時會因為一時懶散和偷吃東西被師傅打罵，而愈打罵，盧梭就愈加難改惡習。

盧梭總結這四年的學徒生涯是痛苦難堪的，把盧梭青少年時期活潑的天性完全摧毀掉了，以致盧梭曾說：「四年之間所學到的，盡是些竊盜與虛偽。」

流浪漂泊的人生

　　1728 年 3 月，盧梭時年 16 歲，盧梭決意離開家鄉，離開不快樂的學徒生涯，從此歷經數十年的流浪人生，他去過法國、德國、義大利和英國各地。為了生存下來，他廣泛地學習，當過書記、雕刻徒、家庭教師、樂譜抄寫員、音樂演奏家、歌劇編劇以及法國駐威尼斯公使祕書等職業。惟每個職位、每個地方他都待不久，這是一方面因為孤獨的性格，使他難以融入當地社會，另一方面興趣廣泛與恃才傲物的性格，使他難以容忍他人的責問或輕視。直到有一天，他發覺他最適合思考及寫作，才充分展露他的才華，而這個世界也因為他的才華產生翻天覆地的改變。

　　在盧梭所從事的各項職業中，和教育直接相關的，是他當過家庭教師。約在 26 歲的時候，盧梭受人推薦，得到一份家庭教師的職務──當法國里昂一位司法長官的兩位公子的家庭教師。這兩位學生中，老大八歲，聰明活潑，但也浮躁貪玩。老二則五歲，領悟力還不夠，教起來相當費力。盧梭很喜歡教書工作，以前也有一些音樂教學的經驗，這次他很用心和耐心地教，但教的並不算是順利成功，因為有許多時候，因為學生的調皮搗蛋、難以教導，讓他感到挫折感。所幸的是，盧梭能進行反思，從中汲取寶貴的教育經驗。正是此次的經

驗，使他孕育了日後教育名著《愛彌兒》的偉大思想。

在漂泊流浪的不幸人生中，盧梭很幸運地遇到華倫夫人（Françoise-Louise de Warens, 1699-1762）。在 1728 年，盧梭決定到異鄉流浪後不久，便經一位神父的介紹，謁見到華倫夫人並獲得及時的支助，才能倖存下來。華倫夫人出身貴族，家境富裕，是一位虔誠的天主教徒，具有溫柔慈愛的性格，對於不幸者，尤富有同情心，常能不吝嗇地伸出援手。盧梭從 16 歲那年初見華倫夫人，到他 29 歲隻身闖蕩巴黎，一共在華倫夫人家中斷斷續續共同生活了 13 年，而正是這 13 年，讓一個漂泊的浪子能夠廣博地學習，學到了他日後獨步文學界、哲學界與教育界的知識體系，在身體和靈魂深處把盧梭給拯救出來。華倫夫人是盧梭的再造母親，同時也是老師、朋友和保護人，更是盧梭的情人。可以說，沒有華倫夫人，就沒有日後的巨擘——盧梭。但是很不幸的，像華倫夫人這樣善良的人，晚年生活卻貧窮潦倒，最後竟餓死在病床上，令人不勝唏噓。

一鳴驚人的論文比賽得獎

1742 年，盧梭搬到巴黎。在巴黎這個崇尚自由的大城市裡，盧梭結識了狄德羅（Denis Diderot, 1713-1784）等許多著名啟蒙思想家。應狄德羅之邀，盧梭為《百科全書》（*Encyclopedia*）撰寫音樂方面的內容，並且在狄德羅的鼓勵下，1749 年 10 月，盧梭以論文〈科學和藝術的進步對改良風俗是否有益〉參加第戎學院徵文比賽，獲得首獎，這使盧梭在法國名聲大振。本篇論文主要是在論述人生而

自由平等，自然是美好的，然而科學與藝術並沒有為人類帶來好處，只是造成社會的墮落和罪惡。

1753 年，第戎學院再次徵文，盧梭再次以〈論人類不平等的起源與基礎〉一文應徵，雖未入選，但本文確立了他在法國哲學界的聲望。本文主要剖析人類歷史的進程，從經濟和政治上挖掘社會不平等的根源，係建立在財產私有制度上，並且明確地指出用暴力推翻封建專制是合理的。本文提供了法國大革命的基礎，奠定了盧梭成為法國著名的激進派啟蒙思想家的地位。

在隱居中努力寫作

「譽之所至，謗必隨之。」為避免在城市中的流言與喧囂，盧梭於 1756 至 1762 年間，受友人資助，隱居在巴黎近郊，繼續從事不懈的創作。1762 年同時發表了《社會契約論》（*The Social Contract*）和《愛彌兒》等兩本名著。

《社會契約論》闡述主權在民的思想，是現代民主制度的基石，深深影響廢除歐洲君主專制集權運動以及 18 世紀後期的美國獨立運動。美國的〈獨立宣言〉（The Declaration of Independence）和法國的〈人權宣言〉（The Declaration of Human Rights）及法美兩國的憲法均體現了《社會契約論》的民主思想。

《愛彌兒》係盧梭所著的教育小說，也是盧梭自認為是「我的所有作品中最好、最重要的一部」。全書共五卷，書中敘述愛彌兒自出生以來直至成人的教育歷程。本書旨在宣揚自然主義的教育思想，使

教育實施能順應學生身心的自然發展。《愛彌兒》不但影響近現代兒童教育甚鉅，而且在文學史上又爲 19 世紀浪漫文學的先驅。

惟《愛彌兒》的發表並沒有帶給盧梭財富和榮耀，反而由於受到守舊人士和宗教界的反對，《愛彌兒》一書不但沒有辦法順利出版，而且被法國高等法院命令燒燬此書，並欲逮捕盧梭下獄。盧梭只好四處逃亡，以抄寫樂譜爲生，以勤儉爲生活的戒律。

逃亡期間，盧梭完成聞名於世的《懺悔錄》（*Confessions*）。該書係盧梭於 1765 年，當他的生活因再次陷入顛沛流離的狀態時，他懷著一種悲憤的心情開始寫作他的自傳，寫到 1770 年才完成。死後四年，亦即 1782 年才得以出版。本書是世界文學史上最早、最有影響力的自我暴露作品之一，書中毫不掩飾個人的醜行，他把自己的靈魂眞誠地、赤裸裸地呈現給讀者，對後世的文學及思想影響甚爲深遠。

死後的殊榮

盧梭坎坷流離的一生，到了 1778 年的 7 月 2 日走到了盡頭，當天他因腦溢血與世長辭，死後被安葬在波拉斯島上。法國大革命後，1979 年 4 月 5 日，法國革命政府將其靈柩以國民英雄身分遷葬於巴黎先賢祠，以表彰其對法國的偉大貢獻。其後，世界各國的政治與教育也受益於他超前時代的思想與見解。生前備受誤解的盧梭，應該沒有想到會在結束悲劇性的一生之後，竟然會受到世人無比的推崇。

盧梭的教育思想

依林玉体（1980，2011）的記載，盧梭的教育學說主要有二：其一為自然主義的教育學說，其二為「愛彌兒」的教育構想。

在自然主義的教育學說上，盧梭力主「返回自然」。返回自然的教育學說則包括下列四個要點：(1) 去除形式作風，糾正矯揉做作；(2) 自然教育就是順其自然的消極教育，不作過多的人為干涉，讓自然發揮獎善罰惡的效果；(3) 自然教育就是強調實物教學的教育；(4) 自然教育就是熱愛學童、尊重學童、給予學童自由的教育。

至於在「愛彌兒」的教育構想上，盧梭將一個人的出生至青年期分為下列四個教育階段：(1) 嬰兒期——自出生到 2 歲，以家庭教育與身體保健為主；(2) 兒童期——自 3 到 12 歲，以感官訓練和身體鍛鍊為主；(3) 青年前期——自 12 到 15 歲，以勞動、大自然的探祕、好奇心的滿足與手工教育為主；(4) 青年期——自 15 到 20 歲，以理性的自然運作，從事知識、道德及宗教的學習，再加上情感教育為主。

向盧梭學習

盧梭是 18 世紀的大文學家、大哲學家與大教育家。教育上，他首開以「兒童為中心」先河，影響後世的教育家如裴斯塔洛齊、福祿貝爾和杜威等人甚鉅。在 18 世紀那樣充滿著教條與紀律的社會中，盧氏學說無疑是一劑非常有效的清涼劑與解毒方。傳統上，以成人為

中心的教育，從此開始轉向以學童為中心，而在教育上必須顧及學生的需要、興趣與能力，這是他對教育的最大貢獻，也是身為人師的我們念茲在茲的必備觀念。

其次，盧梭強調教育要順其自然發展，也是很有參考價值的。教師宜順著學生的天性，提供良好的環境讓學生自然地成長茁壯，不要揠苗助長。另外，大自然本身就是最好的教室，如何讓學生們樂於探索自然，充分利用各種感官，體驗、發現自然之美與廣博知識，也是教師的本職工作之一。

在《愛彌兒》一書上，它告訴我們每位學生在每一個階段皆有其學習特徵與主要發展工作，是故教學者宜把握「學不躐等」的原則，循序漸進地協助學生發展多元智能。另就全人教育而言，知識的學習固然必要，但同樣重要的是德育、體育、群育、美育，五育均衡發展確是教育的理想。

就知識的學習而言，由盧梭的人生經驗可以發現「閱讀」的重要性。盧梭兒時與父親的共讀，無形中養成他讀書的習慣，並逐漸充實和滋養了他幼小的心靈。同樣的，在學校裡，教師若能充實班級圖書設備，並鼓勵學生大量閱讀適合其學習程度與學習興趣的各類書籍，當有助於培養學生的閱讀習慣與能力。有了閱讀習慣與能力，將可打開知識的寶庫，追求幸福的人生。

從盧梭在幼時被誤解弄壞牧師妹妹的髮梳一事，可見正確處理學生違規犯錯事件的重要性。一位老師要和學生建立關係需要長時間的經營，但是很可能就因一個事件沒有處理妥當，而使得長時間建立的師生關係毀於一旦。對被誤解的學生而言，輕則感到難過與痛苦，重

則種下人格偏差的種子。是故教師對於處理學生事件,務必慎重,有一分證據,說一分話,澈底地了解事實後,才能做處理。即使學生有錯,也要了解問題的成因,而施以適當的矯正,而不是動輒責罵或處罰。另在處理態度上,絕不可抱持「寧可錯殺一百,不可錯放一人」的想法。反之,應抱持「寧可錯放一百,不可錯殺一人」的謹慎原則,這樣才不會因為冤假錯案而造成難以彌補的遺憾。

最後,從盧梭的家庭教師經驗,可以發現「教學反思」的重要。盧梭在那次的教學中並不成功,但是他能反思,從中汲取經驗,進而孕育了日後教育名著《愛彌兒》的思想。同樣的,老師不是聖人,不可能永遠不犯錯。錯誤並不可怕,可怕的是沒有反省的自覺與作為,致使同樣的錯誤一錯再錯。反之,透過教學反思,不但可以調整或修正無效的教學行為,也可以使有效的教學更加精進、更加卓越。教學反思誠為一位普通教師成為一位優秀教師的不二法門。

對教學輔導教師制度的啟示

「教師輔導教師制度」(mentor teacher program)是一種貴人啟導的制度。其目的是經由一位資深優良教師的陪伴與支持,讓初任教職的教師儘速適應教職環境,並且在教師專業上持續地發展,是一個立意甚為良善的制度。

身為一位教師,特別是初任教職的老師,難免會遭遇諸多的困境,例如:任教別的教師所不願意教的班級、學生調皮搗蛋、教學負擔沈重、兼任行政職務、家長不配合等,此時很容易因為適應不良而

懷憂喪志。人生是苦的，就像盧梭一生中所遭遇的諸多不幸一樣，只是在不幸的範圍和程度上有所差別而已。然而，艱困的處境常是磨練心志的好機會；而過於順境的人生也常養成趾高氣昂的個性，而不知同情他人與體恤學生。孟子有言：「生於憂患，死於安樂。」誠哉斯言！

　　所幸的，在痛苦的人生中，我們也許會遇到貴人，而接受到貴人的協助和啟導，就像盧梭遇到華倫夫人一樣。在世界各國教育界所普遍設置的教學輔導教師制度，其實就是在提供初任教職者一位隨時隨地可以尋求協助的貴人，而當初任教職者在日後成為優秀教師後，也可以成為他人的貴人。經由這種「以善引善」的良性循環，教師界能夠薪火相傳，而有更溫馨的今天以及更美好的明天。

　　然而教學輔導教師這種現代師徒制和盧梭時代的傳統師徒制有很多的不同：其一，在傳統的師徒制，學徒要負擔諸多打雜的工作，而教學輔導教師制度中的夥伴教師（徒弟）是不必接受那樣的痛苦。其二，傳統師徒制常帶有打罵與處罰，而教學輔導教師制度所強調的是陪伴與支持。其三，傳統師徒制以習得技藝為主，而教學輔導教師制度強調教學認知的改變。唯有教學認知能夠改變，才能真正改變教學行為。所以教學輔導教師所做的輔導工作不是「行為訓練」，而是「認知教練」（cognitive coaching）。

　　但是從盧梭的學徒生涯，我們也可以得到另外三個啟示。第一，在師徒制中，徒弟要有學習的興趣，如果沒有學習意願或興趣，那麼師徒制很難成功。就像盧梭對學當律師書記並沒有興趣，缺乏學習動機，注定了學習的厭倦與失敗。同樣的，如果接受輔導的夥伴教師

並沒有接受教學輔導教師協助的意願,則教學輔導歷程是很難順利成功的。第二,身為師傅者要有溫暖同情、平和中正的性格。像盧梭的第二位雕刻家師傅那樣待人嚴峻、性情粗暴的人,很難成為一位好師傅。第三,師徒制的教育方式要以鼓勵、肯定和支持為要,不能像盧梭的兩位師傅動輒打罵。打罵或處罰常是無效的教育方式,更何況會帶來諸多的副作用,是現代師徒制所不足取的。

結語

　　總之,盧梭不但是法國的國民英雄,更是人類的瑰寶。他的天賦和生長背景,造就他成為多才多藝的文學家、藝術家、哲學家及教育家。他在困頓人生中的力爭上游,激勵了我們奮發向上的勇氣與力量。他所引發的哥白尼式革命,仍在世界各國的政治與教育舞台餘波盪漾……。

9

裴斯塔洛齊 教育愛的播種者

裴斯塔洛齊這一位西方近代教育史上偉大的教育家所散播的教育愛,深深影響著當今的教育界,願學為良師的我們,向裴斯塔洛齊學習,透過教育愛的實踐,讓臺灣的教育界有更專業的明天。

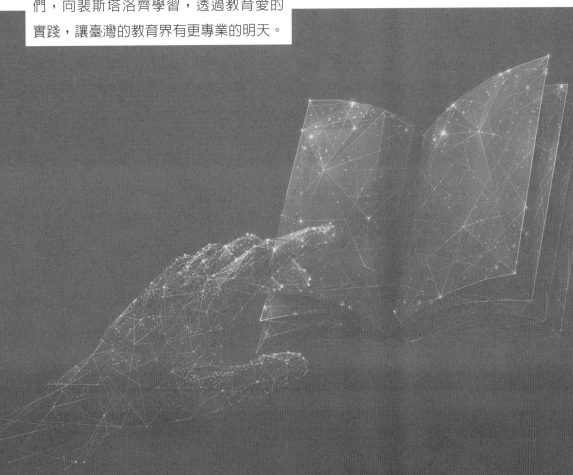

筆者在初任國中教師時，嘗開始閱讀西洋教育史，筆者所讀到的第一個西洋教育家的故事，便是西洋平民教育之父——裴斯塔洛齊（Johann Heinrich Pestalozzi, 1746-1827）。記得當時對於裴斯塔洛齊的教育愛事蹟，深受感動，其教育理念深植於筆者的心田。30 多年後再回首檢視臺灣的教育界，深覺現今師道之不彰，亟需以裴斯塔洛齊的言行主張為針砭，教師專業才會有更寬廣發展的空間。是以在重讀教育史相關資料之餘，試簡述裴斯塔洛齊的生平事蹟，以為吾人學習的對象。

貧窮但富有愛的背景

　　據林玉体（1980）與田戰省（2011）的記載，1746 年，裴斯塔洛齊出生於瑞士蘇黎世的一個醫生家庭，五歲時，不事積蓄的父親英年早逝，家道中落，在貧窮困頓的環境中，幸賴勤儉堅毅的母親之教誨、以及一位忠心耿耿女僕的協助下，裴斯塔洛齊乃度過一個物質匱乏但充滿愛與溫暖的童年。

　　另一個對裴斯塔洛齊很有影響的人物，便是做牧師的祖父，由於常常跟隨祖父到教區各地探視農民，看到許多家徒四壁的貧苦家庭，心地善良的他，心中便油然而生同情的心；而看到衣不蔽體、孤苦伶仃的兒童，更種下了日後發願辦理孤兒院以及教育窮人的志向。

　　裴斯塔洛齊九歲入初等學校就讀，畢業後順利就讀中學和一所學院。在大學時代，深受盧梭〈論人類不平等的起源和基礎〉、《社會契約論》（The Social Contract）、《愛彌兒》（Emile）的思想啟蒙

而投身政治改革的運動，但因其所參與的「愛國者協會」不見容於當局而被取締。裴斯塔洛齊在被短暫拘留，獲得釋放後，轉而投身他所認爲救世救國的唯一之道──平民教育運動。

在失敗的經驗中學習

1769 年，裴斯塔洛齊與大他八歲、出身貴族的安娜女士（Anna Schulthess）結婚，夫妻有志一同，不以個人家庭幸福爲滿足，反而化小愛爲大愛，開始傾家蕩產辦理試驗農場以及農民教育工作，他們先在家鄉新莊辦了一個試驗農場，企圖改良農業生產技術，並向農民們推廣，藉以協助農民脫離貧窮無知的生活。但由於經費不足，過了幾年便難以爲繼，以失敗告終。

試驗農場的失敗並沒有動搖裴斯塔洛齊濟世救人的心志。1774 年，在新莊農場的舊地，裴斯塔洛齊夫婦開始辦理孤兒院，收養了 50 多名貧苦無依、品學兼劣、身心殘廢等三種價值層次最低的兒童，並以無比的愛心，一方面結合農耕、紡織等勞動教育，另一方面佐以讀、寫、算等基礎教育。孤兒院雖然對於學童的身體、知識以及道德上的成長有明顯的進展，然而由於天災歉收、妻兒病倒等種種困難，只好於 1780 年結束六年的孤兒院教育事業。

爲了總結 11 年來在平民教育做中學的經驗，裴斯塔洛齊在 1780 年寫了由許多教育格言所組成的論文《隱士的黃昏》（*The Evening Hours of A Hermit*），並在 1781、1783、1785、1787 年分別出版了長篇教育小說《林哈德與葛篤德》（*Leonard and Gertrude*）的第一

至第四部。這二本著作在歐美引起極大的回響，不僅提供第一手平民教育的實務經驗與反思，也激勵著無數的有心人士投身於平民教育的熱情。

沈潛後，重新再出發

在 18 年的沈潛之後，1798 年，裴斯塔洛齊受新建立的瑞士共和國政府的委託，在斯坦茨城籌辦一所公立孤兒院，專門收容 80 多名被戰爭摧殘的 5-10 歲孤兒。在極端人力物力匱乏下，裴斯塔洛齊把斯坦茨孤兒院辦得有聲有色。在愛的教育氛圍下，他與孤兒們形影不離，一起吃飯、一起睡覺、一起勞動、一起學習，他教導他們每一個讀寫算的科目，讓他們從新感受到社會的溫暖和愛，而收到很大的教育效果。很可惜的，這麼成功的教育經驗，竟在拿破崙入侵瑞士後，以強徵孤兒院作為軍隊醫院而戛然而止了。

1800 年，裴斯塔洛齊與一群志同道合者，在布格多夫創辦新式學校，包括小學和中學寄宿學校，並附設了教師訓練班，成為歐州第一所用現代方法教學的師範學院。在課程內容上，揚棄傳統的單一科目，引進了歷史、地理、音樂、美術、體育等多元課程；在教學方法上，扭轉傳統的講述背誦教學，改採實物感官教學、體驗教學、以及符合教學心理原則的「數字、形狀、語言」教學。

更重要的是，教育愛始終是裴斯塔洛齊辦學的主軸。有別於當時的學校像「監獄」、像「心靈的屠宰場」，他的學校像一個家庭，而他本人就是每一個孩子的「爸爸」。他每日所食至為簡單，他的衣著

簡陋不堪，但是他的教學認眞執著，他的一言一行所表現的慈愛與安祥，在在具有愛的感染力。在「身教重於言教」的影響下，學校中的每一位教師都能以「愛的教育」爲依歸，而學生們則能在一股溫馨感人的氛圍下，培養出愛人、愛社會、愛國家的道德情操。

辛勤播種者，必歡欣收割

　　1803 年，就在裴斯塔洛齊辦學蒸蒸日上之際，瑞士政府卻突然收回學校土地，裴斯塔洛齊被迫轉往伊佛東繼續完成辦學理想，而往後持續 20 年的辦學階段卻是裴斯塔洛齊一生中最輝煌的時期，不僅學生慕名而來，絡繹於途，受教的對象有農民，也有貴族子弟，有瑞士本國學生，也有來自德、法等國的留學生。由於辦學成效名揚海內外，遂引來世界各國的政要、教育行政官員、學者專家、民衆等，絡繹不絕地到伊佛東，或做短期的觀摩與考察，或做長期的任教與學習，在考察或學成歸國之後，他們紛紛在其國內設立裴斯塔洛齊學校，而平民教育的理念與實務乃在世界各地迅速傳播，進而發揚光大。

　　然天下萬事萬物，往往難以避免盛極而衰的鐵律，裴斯塔洛齊所創辦的學校亦復如是。一方面由於裴斯塔洛齊年事日高；另一方面學生中富家子弟日多，造成學校辦學方向偏離裴斯塔洛齊本人平民教育的理念；復由於校內同仁的內部爭端等種種辦學困境，乃造成學校最終於 1825 年關閉的命運。儘管如此，裴斯塔洛齊在平民教育的播種與努力，已廣爲世人所稱頌不已。

1825 年，裴斯塔洛齊已近 80 歲，他落葉歸根，回到事業的起源地——新莊。為了給世人做最後的服務，他老驥伏櫪地提筆完成他最後的一個教育著作《天鵝之歌》（*Pestalozzi's Swansong*），並以此書名象徵他即使年華老去，也願如天鵝般地引頸為世人高歌。

　　1827 年，裴斯塔洛齊安祥地離開他深愛的人世，為了紀念他對人類所做的貢獻，人們為他作了如下的墓誌銘：

在新莊，您是貧民的救主，

以《林哈德與葛篤德》教誨人民；

在斯坦茨，您是孤兒的慈父，

在布格多夫，您是新式小學的創始者，

在伊佛東，您是人類的教育家。

您是一個真正的人，一個真正的基督徒，一個真正的公民。

一切為人，毫不為己。

願您得到永遠的祝福！

向裴斯塔洛齊學習

　　嚴格的說，裴斯塔洛齊並不是一位教育理論家，而是一位教育實踐者，也就是因為他是一位實踐力行的教育家，所以特別值得同是以實踐為本務的中小學教師們所學習，而他最值得教師們學習的，還是他所不斷傳播的「教育愛」理念與實務。什麼是教育愛，是指價值

層次愈低的兒童，愈需要老師的教導和關愛，特別是貧苦無依、品學兼劣、身心殘障的兒童，他們本身已遭逢不幸，更需要老師以無比的愛心教導這些兒童脫離貧窮、文化不利、身心機能等等的束縛，讓這些兒童的潛能都有充分發展的空間。不放棄任何孩子，把每個孩子都帶上來，誠為教育機會均等的真諦，也是教師工作的神聖意義與崇高價值。

教育愛誠為良師的基本條件，沒有教育愛，是不可能成為好老師，但是只有教育愛，而沒有教育方法，還是很難成為一位好老師。就以裴斯塔洛齊為例，他在課程設計上，引進了歷史、地理、音樂、美術、體育等多元課程，讓學童的多元智慧得以多元的發展；在教學方法上，他扭轉傳統的講述教學，改採實物感官教學、體驗教學等科學的教學方法；在班級經營上，他把學校營造成像家庭一樣的溫馨，讓兒童在安全的氛圍下，能夠如沐春風的學習。可見一位好老師必須在愛的情懷下，與時俱進，在課程設計與教學、班級經營與輔導等面向，不斷改善既有的技巧以及學習新的策略，才有可能在日新月異的教育環境下，勝任愉快，進而帶給學童最卓越、最先進的教育。

裴斯塔洛齊在道德教育上的重視也是很值得我們效法的，而要培養兒童良好的品德，必須先從教師的品德做起。「學為良師，行為世範」，如果教師沒有師德，本身就是壞榜樣，那是很難起好的帶頭作用。有了師德就必須以實際行動讓學生感受到教師對學生的愛，讓學童體悟「愛與奉獻」乃是人世間最高貴的情操。之後，透過種種教育情境的設計與安排，讓學童直接觀察到種種合乎道德的行為而產生觀摩學習的效果。而對於社會上種種不公不義的現象，也要教導兒童在

體察、理解其背景脈絡下，加以反思和批判，進而產生改造社會的熱情與行動力。總之，如何引領學童從「動物人」，走向「社會人」，進而達成「道德人」的境界，是好老師必須努力的方向。

對教學輔導教師制度的啟示

裴斯塔洛齊的故事不但對中小學教師有所啟示，對於教學輔導教師制度更有所啟發。首先，教學輔導教師的遴選要首重師德，沒有師德難以為師，更何況是作為師傅教師的教學輔導教師。同樣的，教學輔導教師也要常常注意自己的一言一行是否符合師德的高標準，才能作為夥伴教師的模範。

其次，教學輔導教師要延伸教育愛的觀念，不但要對較容易輔導的初任教師和新進教師進行輔導，更要勇於承擔較為棘手的教學困難教師的輔導工作。佛家有云：「救人一命，勝造七級浮屠」。對於處於危機中的教師能及時伸出援手，是何等的高貴和可敬。當輔導成功時，能把一位瀕於不適任險境，轉於適任的航向，其在教育上的附加價值是更高的。

再者，教學輔導教師和夥伴教師要營造一個家的概念。在彼此互相關懷、信任的關係下，彼此溫暖和諧的互動，便能在潛移默化中達到輔導的效果。在過去的教學輔導教師制度推動歷程中，筆者曾見一位教學輔導教師每天為忙碌的初任教師準備一份早點，而其師徒關係似母女般的愉悅。另一位教學輔導教師則與其先生，一起陪著處於身心俱疲的夥伴教師，以看韓劇解憂，最後夥伴教師終能走出行政與教

學兩頭負擔所造成的困境。

另外，教學輔導教師要帶好夥伴教師，不但輔導內容要多元化，輔導方法也要多樣化。夥伴教師的需求也許在課程與教學上，也許在班級經營與親師溝通上，無論為何，總要能滿足其需求；在方法上，可以是個別的，可以是團體的，更可以是學習社群似的；在互動方式上可以是即時性的，也可以是定期和計畫性的。但不論方法如何，教學輔導教師要能示範教學，讓夥伴教師產生社會學習的效果，以及提供學習的情境，讓夥伴教師在體驗中學習，並且即學即用，才能符合成人學習的原則。

結語

「哲人雖已逝，典型在夙昔。」裴斯塔洛齊這一位西方近代教育史上偉大的教育家雖然已經離開我們近兩個世紀了，但是他的精神和典範永垂不朽。他所傳播的教育愛，還是那麼歷久而彌新，深深影響著當今的教育界，願學為良師的我們，向裴斯塔洛齊的教育愛學習，透過教育愛的實踐，讓臺灣以及華人的教育界有更專業、更美好的明天。

10

福祿貝爾 幼兒教育之父

　　幼兒教育之父 ── 福祿貝爾，是國內教育界耳熟能詳的教育家，他對兒童的熱愛以及在學前教育上的努力和成就，是非常值得教師們學習的好榜樣。願承先啟後，讓福祿貝爾的精神與思想，繼續引領臺灣教育界向前邁進。

筆者在學習當老師的過程之中，最常聽到的兩位西洋教育家，一位就是裴斯塔洛齊（Johann Heinrich Pestalozzi, 1746-1827），另一位便是福祿貝爾（Friedrich Froebel, 1782-1852）。國內有關福祿貝爾的文獻已不少，但這些文獻大多是從幼兒教育或者教育思想的角度去撰寫的。筆者比較關心的是教師專業，因此擬從這個角度去探討福祿貝爾的生平事蹟，然後說明這些事蹟，可以帶給國內教師們哪些啟示。

不快樂的童年

據李園會（1997）的記載，福祿貝爾在很小的時候，母親就過世了，繼母對他不好，父親是很忙碌的牧師，也無暇多照顧他。福祿貝爾在缺乏母愛的寂寞家庭中長大，遂養成內向孤獨、愛沉思的性格。

所幸故鄉杜林根的森林，帶給他一個與大自然為友的生長環境，讓他充分感受到與自然交往的喜悅。他常在森林中觀察自然界中的一草一木，思考人與自然的關係，而這種喜歡思考的習慣，固然來自從小獨處的經驗，但也來自得天獨厚的自然環境。

另一個深深影響福祿貝爾的，係宗教信仰。由於生長在牧師家庭，在全家做早晚禱中，他便油然生起基督信仰的種子。小學讀的是教會學校，在做禮拜、聽福音、詠聖詩中，他獲得心靈慰藉與精神層次的提升。再加上他鍾愛的舅舅也是牧師，與舅舅的四年生活中，不但讓他重獲家庭的溫暖，也讓他從福音和舅舅的證道中，充分體會耶穌基督為救贖世人而犧牲自己的偉大情操，並以此為人生奮鬥的圭

臬。也正由於福祿貝爾的基督宗教信仰，使得福祿貝爾的教育思想帶有濃厚的神祕主義色彩。

斷斷續續的受教育過程

福祿貝爾在小學畢業後，因為家貧無法繼續讓他升學，他便在1797年，15歲那年離鄉背井跟一位林務官當學徒，可惜該林務官一方面由於工作忙碌，另一方面由於不擅長教學，並沒有帶給福祿貝爾太多的東西。所幸，林務官豐富的藏書讓他專心研究數學、語言學、植物學等廣博知識，並養成日後自學的習慣。

學徒生涯結束後，因為要給在耶拿大學（University of Jena）攻讀醫學的四哥送學費的關係，讓他有在耶拿大學旁聽課程的機會。由於對大學生活的嚮往，在懇求父親後，終獲首肯進入耶拿大學主修自然科學，並且在校園生活中，受德國浪漫主義哲學大師謝林（F. M. J. Schelling, 1775-1854）、諾瓦利斯（Novalis, 1772-1801）等影響甚深。惟可惜的是，福祿貝爾在大二時，因積欠學費和餐費，被關在大學牢房九週後，被迫中斷學業。

離開耶拿大學的福祿貝爾歷經喪父之痛，為了謀生曾經擔任過林務局書記、土地測量員、農場會計及私人祕書等多個工作，過著生活動蕩不安的日子，但是福祿貝爾還是堅持自學的習慣，在哲學、數學、自然科學、建築學等領域皆有所斬獲，並且能把握機會，先後入哥丁根大學（University of Göttingen）和柏林大學（University of Berlin）讀書和做研究。這約三年的研究時光，讓他充分獲得有關自

然與人生的廣博知識，爲他日後從事教育工作和學術研究奠定了扎實的基礎。

另一個和福祿貝爾成長經驗有關的，是他在 1813 年志願參與反抗拿破崙外族統治的解放戰爭，這場戰爭不但使得福祿貝爾的愛國熱忱和民族意識獲得發展，使其教育思想增添民族主義的色彩，也讓他在戰場中結交了兩位在未來教育事業上共同奮鬥的好夥伴——米登多夫（Wilhelm Middendorf）和朗格塔爾（Heinrich Langethal）。

邁向教育之路

據趙祥麟（1995）的記載，福祿貝爾原本是想要當建築師的，但在法蘭克福攻讀建築學時，巧遇法蘭克福模範學校校長格呂納（Anton Gruner）。校長邀請他擔任該校教師兼校長助理的工作，福祿貝爾欣然接受，並從此以教育事業爲人生使命。福祿貝爾以教育爲志業的喜悅之情，在林玉体（1995：455）的書中，有如下的記載：

> 我找到了我從未知道，但一直在尋覓，卻又時時迷失的工作，我終於發現了生命的本質，我感覺上有如魚在水中游、鳥在空中飛一般的幸福。

格呂納校長係斐斯塔洛齊的學生，他以斐斯塔洛齊的教育原則和方法來辦學。由於想要向斐斯塔洛齊學習，福祿貝爾曾兩次到瑞士伊佛東參觀斐斯塔洛齊學校。第一次是在 1805 年開始任教時，但此次

只短暫停留了 14 天。第二次是在 1808 年帶著兩名貴族子弟在斐斯塔洛齊學校既任教又學習，直到 1810 年才回德國矢志辦理教育事業。

1816 年，福祿貝爾辭去柏林大學礦物博物館的工作，也放棄擔任教授的榮譽，一心想要實現自己的教育理想。在兄長的協助下，在格雷新創設了「一般德意志教育所」，為哥哥的五位孩子從事所期望的教育活動。次年，學校搬到離格雷新不遠的開荷小農場，名為「開荷學園」，係德國農村寄宿學校的前身。由於在米登多夫和朗格塔爾兩位摯友的協助下，校務迅速發展起來，學生人數也日益增多。

就在校務蒸蒸日上的時候，不料 1819 年德意志聯邦內閣會議通過「卡爾斯巴法令」（Carlsbad Decrees），用於鎮壓德國國內民族民主運動。福祿貝爾的開荷學園受到壓迫，學生人數驟降，財政日益艱困，情況一天一天惡化。然福祿貝爾在困頓中，反而愈加奮發向上，於 1826 年發表了不朽名著《人的教育》（*The Education of Man*）。1831 年流亡瑞士，受盧塞恩邦政府的支持，成立斐斯塔洛齊學校，然因當地東正教會的反對，辦學成效並不理想。1834-1835 年受瑞士柏恩邦政府的委託，擔任布格多夫一所公立孤兒院的院長。擔任院長期間，使他有機會解決幼兒教育的種種問題，並且立下決心把他的教育思想用在年輕一代最早期、也是最具關鍵性的教育工作上。

從事幼兒教育工作

1836 年，福祿貝爾返回故鄉杜林根，開始設計一套符合其教學理論需求的遊戲材料——恩物（上帝給予孩子的禮物），以幫助和指導婦女們改進學前教育工作。1837 年，在勃蘭根堡開辦了一個「發展幼兒活動本能和自我活動的機構」，並於 1840 年將之命名為「德國幼兒園」，標記了世界上第一所幼兒園的誕生。他之所以名之為「幼兒園」（Kindergarten），係指幼童的花園。福祿貝爾將老師比喻為園丁，幼兒為花草樹木，而幼兒教育就是培育花草樹木自然生長的過程。

1843 年，福祿貝爾總結幼兒園工作經驗，並出版了著名的幼兒教育專著《慈母曲及唱歌遊戲集》（*Mother's Songs, Games and Stories*）。由於幼兒園能符合當時社會需要，加上福祿貝爾不懈的努力，幼兒園在德國各城市如雨後春筍般地成立。惟可惜的，在 1851 年，普魯士政府對福祿貝爾幼兒園產生誤會，發出對幼兒園的禁令，使得福祿貝爾在晚年又遭遇一次嚴厲的打擊。1852 年，福祿貝爾與世長辭，其墓誌銘係詩人席勒的一句話：「來吧！為我們孩子而活！」

幼兒教育在世界各地開花結果

在福祿貝爾的學生——白太男爵夫人（Baroness Berthevon Marenholtz-Biilow）等人的努力下，1860 年普魯士政府終於廢除了幼兒園的禁令。從此，福祿貝爾運動開始在德國以及全世界各地蓬

勃發展。在英國，由德國逃往到英國的隆格夫婦（J.& B. Ronge）於1851 年設立第一所幼兒園。1870-1880 年代是美國福祿貝爾運動的全盛時期，全美各大城市紛紛成立各種幼兒園和幼兒園協會。在日本，1872 年由文部省以美國的福祿貝爾幼兒園為典範，成立東京女子師範專科學校附屬幼兒園。中國到了 1920 年代也開始辦理福祿貝爾幼兒教育，宣揚者之一便是中國幼教之父——陳鶴琴。很可惜的，福祿貝爾並無法看到他所種的種子已在全世界遍地開花結果。

向福祿貝爾學習

綜觀福祿貝爾的一生，有許多值得國內教師們學習的地方。

第一，福祿貝爾以教育為使命，具有強烈的教育熱忱。福祿貝爾雖然是在偶然間找到教職的工作，但從此便認定是他的天職，並以「如魚得水、如鳥飛翔」做比喻。同樣的，臺灣的教師們若能擇其所愛，愛其所擇，並且時時莫忘初衷，則自己所負責的教育工作不但會成功，而且會覺得那是令人樂此不疲的「甜蜜負荷」。

第二，福祿貝爾「來吧！為我們孩子而活！」的信念，也是非常值得我們學習的。相信臺灣的中小學和幼兒園的教師們，若能保有熱愛學生的赤子之心，當能鞠躬盡瘁，盡心竭力教導學生成為國家未來的主人翁。

第三，福祿貝爾不斷學習與成長的歷程是老師們的榜樣。福祿貝爾受限於家庭經濟情況，無法一路順利就學，便以自學克服逆境，一有機會，便到高等教育機構充實自己，奠定自己從事教育工作的根

基。當了老師後，為了向斐斯塔洛齊學習，更二度到瑞士求經，這種學習的動能，令人敬佩。同樣的，臺灣的老師們若能體會「不能以過去所學的知識，教導現在的兒童，適應未來的社會」之真義，當能立足專業，永續發展。

第四，福祿貝爾具有在教育事業上愈挫愈勇的精神。福祿貝爾從事國民教育事業並不是很順利，常常因為個人的不擅於學校財政、或受政治迫害、或受宗教因素的干擾，而使得學校瀕於關閉的命運，但是福祿貝爾從不灰心喪志，反而愈挫愈勇，到處尋求支持與協助。而他的幼兒教育事業正要欣欣向榮之際，卻遭政府禁令之重擊，但是福祿貝爾也沒有因此垂頭喪氣，只是待機再起。同樣的，臺灣的老師們在教學時、在輔導學生時，一定也會遇到種種阻礙、種種困境，但是只要有信心、有毅力，堅持到底，永不放棄，一定會找到方法、找到解決的途徑。

第五，福祿貝爾重視夥伴協作、重視團隊的力量。福祿貝爾在教育事業之所以成功，除了因為他的宗教信仰以及個人不懈的努力外，友人的協助也是功不可沒。他在反拿破崙戰爭中結識兩位志同道合的好朋友——米登多夫和朗格塔爾，而這兩位摯友後來攜手同心幫助他從事教育事業。可見單打獨鬥是很難成就大事業的，老師們如果能善用團隊的力量，和教育界的同僚一起打拼，不但會工作更愉快，也會更有成就感。

最後，在福祿貝爾的教育思想中，「相信人性本善」、「順應兒童發展」、「重視學習情境的塑造」、「強調遊戲的重要性」、「重視勞動教育」、「實施觀察體驗」、「重視家庭教育」等，還是相當

具有現代的教育意義，值得臺灣教師們學習和參探。

對教學輔導教師制度的啟示

福祿貝爾的言行與學說對於國內教學輔導教師制度亦有許多啟示。筆者相信每個人在溫飽之餘，多在追求人生的意義。筆者何其有幸能於 1996 年在美國伊利諾大學香檳校區（University of Illinois at Urbana-Champaign）學習教學輔導教師制度，回國後以推動此一制度爲志業，因爲筆者深知教學輔導教師制度兼具我國薪火相傳及國外貴人啟導的傳統，是一個用意至爲良善的制度。而在國內推動近 20 年來，確實也發現到國內有許許多多的資深優良教師能以擔任教學輔導教師爲榮，並以此爲使命或天職。

作爲一位成功的教學輔導教師要具有以夥伴教師爲中心的信念。在教育上，我們常說：「學生第一」，而在教學輔導上，我們也可以將此一名言轉成：「夥伴教師第一」，因爲要服務夥伴教師，才有教學輔導教師的必要，而帶好每一位夥伴教師，確是教學輔導教師的天職。

要作爲一位成功的教學輔導教師要不斷地學習與成長，時時充實自己。因爲一位教學成功的教師，不一定是一位成功的師傅教師。作爲師傅教師，除了在課程與教學上不斷精進外，更要在教學輔導理論與實務、教師領導、人際關係與溝通、教學觀察與回饋上，從新學習與成長。

另外，依個人的觀察，光靠教學輔導教師個人的單打獨鬥，所發

揮的功能還是相當有限，而一所辦理教學輔導教師制度有成效的學校，常是學校行政能充分支持，且教學輔導教師們能自動組成教學輔導團隊的學校，畢竟，個人的力量有限，而團隊協作的力量常可發揮一加一大於二的整體戰力。

最後，教學輔導教師要有忍受輔導失敗、愈挫愈勇的心態。在輔導夥伴教師的過程中，因種種因素（例如：配對不當、互動時間不足、夥伴教師缺乏接受協助的意願等），有時會導致輔導成效不盡人意的結局。此時，教學輔導教師應有「凡事盡心盡力，結果交給上帝」的心念，而能釋懷，進而從新開始另一個輔導歷程。

結語

福祿貝爾說：「教育無他，惟愛與榜樣。」哲人已逝，典型仍在。我們要學習福祿貝爾，愛學生、愛學校、愛人如己，活出愛的人生。並且時時刻刻，學為良師，行為世範，也做學生、夥伴教師的好榜樣。

11

杜威　實用主義的巨擘

　　杜威是一位現代教育史上最有影響力的哲學家兼教育家，他所主張的實用主義以及躬身力行的實踐，深深影響世界各國的教育，他所提倡的「兒童中心論」、「教育即生活」、「教育即生長」、「教育即經驗的改造」、「做中學」、「五段思考法」等理念，對我國教師專業發展和教學輔導教師制度皆有啟示作用，值得國人加以參酌和應用。

在筆者從事教育工作的生涯中，最耳熟能詳的哲學家兼教育家，當非杜威（John Dewey, 1859-1952）莫屬。他的學說不但具有完整周延的理論體系，而且還有教育實驗的依據，頗符合「實踐是檢驗眞理的唯一標準」或者「知行合一」的道理。

惟杜威的教育思想博大精深，實非本短文之所能窮及，而其劍及履及的教育生平事蹟卻很值得學習。故本文先擬簡述杜威的生平事蹟，再說明杜威學說中與教師專業發展與教學輔導教師制度較有相關性的幾個概念，以爲吾人學習的對象。

平淡而充實的童年

據郭小平（1998）與田戰省（2011）的記載，杜威於 1859 年 10 月 20 日誕生於維蒙特州一個農業小鎮 —— 柏靈頓的一個普通家庭，父親曾當過軍人，後以雜貨生意爲生，母親則爲大家閨秀，很注重孩子的教育。杜威雖然生於一個普通家庭，但家庭溫馨和諧，帶給他平淡而充實的童年，特別是家鄉中的田野山林，他徜徉探索其間，培養了愛好自然、體驗生活的習性。

一個人的成就除了個人的努力外，也和時代的社會背景息息相關。杜威的生長年代適逢美國內戰結束，民主蓬勃發展，經濟生產力獲得解放，學校入學人口激增，然而當時的公立學校仍普遍延續歐洲死記硬背的學習方式，他不喜歡這種教學方式，並認爲這種教學內容貧乏、教學方法呆板的教育，對於一個人的成長及其適應生活的素養並沒有太大的幫助。換言之，當時的教育環境與受教經驗，埋下了其

後改革教育的種子。

大學的求知與成長

　　杜威 15 歲從當地高中畢業後，便進入離家較近的佛蒙特大學（University of Vermont）。當時佛蒙特大學還是一個小型的學院，規模及教學水準並不高，杜威對主要學習課程，如希臘文、拉丁文、古代歷史、微積分等，因爲有許多是在高中就學過的，所以並沒有太大的興趣。他除了自行廣泛閱讀之外，還將注意力放在達爾文的進化論等生物科學上。到了大學的最後一年，杜威終於盼到了與其後所從事的職業相關的哲學課程。但杜威對柏拉圖（Plato, 427-347 B.C.）的《理想國》（*The Republic*）等古希臘哲學並沒有太大的興趣，倒是對於法國哲學家孔德（Auguste Comte, 1798-1857）的社會改良主義做努力的專研，爲其後關注社會、強調實踐的學說，打下良好的基礎。

　　1879 年杜威從佛蒙特大學畢業並獲得學士學位，之後曾短暫當了兩年的中學教師，任教期間，他持續專研哲學，並在任教的第二年，撰寫了一篇論文〈唯物主義的形上學假定〉，寄給當時美國唯一的哲學期刊《思辯哲學雜誌》（*Journal of Speculative Philosophy*），並請求主編哈理斯（W. T. Harris, 1835-1909）的評論和指導。哈理斯給予很高的評價，並發表杜威平生寄出的第一篇哲學文章，讓杜威受到很大的鼓勵，更決定了他一生努力的方向。

　　在 1882 年，杜威向一位親戚借了 500 美元作爲學費，進入約

翰‧霍布金斯大學（Johns Hopkins University）攻讀哲學和心理學的研究生課程。霍布金斯大學係群賢畢至、人才薈萃的新設大學，在這裡，杜威受到三位恩師的影響，奠定了其後爲學及從事教育改革的根基。

第一位是莫理斯（George Sylvester Morris, 1840-1889），莫理斯教授不但在生活上積極幫助杜威，使他獲得一筆獎學金，而且使他的學說轉向黑格爾主義，借助黑格爾（G. W. F. Hegel, 1770-1831）的辯證法，他融合了傳統哲學上難以克服的心靈與物質、主體與客體的二元對立，因此他的學說更有包容力和說服力。第二位是豪爾（Granville Stanley Hall, 1844-1924），豪爾教授所傳授的心理學課程，不但使他能從生物學和社會科學中吸取一些新概念來充實自己，而且也使他能以實驗這一個新工具，來驗證既有的理論教條。第三位是實用主義的宗師皮爾斯（Charles Peirce, 1839-1914），皮爾斯「實用主義」（Pragmatism）的觀點，使得杜威得以跳脫黑格爾絕對唯心主義的束縛，因爲實用主義認爲世上並無一成不變、千古不易的眞理，而所有有價值的思想，都要經過實際的檢核和考驗。信仰和觀念是否眞實，在於它們是否能帶來實際效果。

芝加哥學派與實驗學校

1884 年，杜威受恩師莫理斯教授的邀請，到密西根大學（University of Michigan）任教，主授心理學與哲學方面的課程。杜威除認眞授課與積極撰述之外，並主動與當地的中學有頻繁的接觸，

接觸愈多，他愈發感受到中學教學內容的貧乏、教學方法的呆板，而改革的心也就愈發強烈。

另外，在這一段任教期間，不但是他走向教育事業的起點，其間他也認識了熱情活潑的艾麗絲‧奇普曼小姐（Alice Chipman, 1859-1927），並結爲連理。曾經也做過老師的奇普曼小姐，個性積極向上、有魄力，成爲杜威教育事業上的一個助手和好夥伴。

1894 年，杜威轉任芝加哥大學（University of Chicago）。杜威所主持的該校哲學系，研究領域含括哲學、心理學與教育學，讓杜威的哲學思想有在教育領域上實踐的機會。經過杜威及系內同仁的努力，以實用主義爲特徵的「芝加哥學派」（Chicago School）誕生了。同時，杜威在教育學上的研究成果亦相當豐碩，任教期間，他完成了《學校與社會》（*The School and Society*, 1899）、《兒童與課程》（*The Child and the Curriculum*, 1902）這兩本專著，論述了他所主張的「學校即社會」以及「以兒童興趣爲中心的課程與教學」之教育理念。

爲了實踐他的教育理想，杜威與其夫人於 1896 年開創了一所其後名聞遐爾的實驗小學，但創校初期並不順利，透過杜威不斷的演講以及杜威夫婦的努力不懈下，學校辦學第一年，雖只有兩個老師、16 個學生，其後便逐年增加，到了 1903 年，學生則多至 140 人，教職員達 20 餘人。學校的辦學摒棄傳統的灌輸和機械訓練的教育方法，落實以兒童興趣爲出發點，從實踐中學習、從生活中學習的主張。學生不是按年齡分班的，而是按發展程度的不同來分組教學的。教學內容涉及多個領域，包括社會科學、自然科學、數學、語言、音

樂、手工訓練、家政、體育等。教學的場域，除教室外，設有生物學和物理學實驗室、體育館、工場等設施。學校裡沒有考試，更沒有留級。這在當時的美國教育是非常進步的，對美國的教育也產生了很大的影響。

任教哥倫比亞大學

很可惜的，在 1904 年，杜威與芝加哥大學校長在實驗學校的管理上產生分歧，他憤而離職，辦學八年的實驗學校（又名杜威學校）戛然而止，杜威也轉任在紐約市的哥倫比亞大學師範學院（Teachers College, Columbia University）哲學系，在該大學任教了 30 多年，直至退休為止。

杜威在任教哥倫比亞大學師範學院期間，由於認真教學與指導研究生，桃李滿天下，我國著名教育家胡適、陶行知、蔣夢麟、郭秉文等，都是他的得意門生。此外，他潛心著書立說，發表《我們如何思維》（*How We Think*，1910）、《民主主義與教育》（*Democracy and Education*, 1916）、《經驗與教育》（*Experience and Education*, 1938）等專書，對學術界有巨大的貢獻。在教學與研究之餘，他亦積極參與社會服務工作，是美國知名的「自由主義」（Liberalism）健將，例如：協助成立紐約教師工會並擔任該工會的第一副主席達三年之久。一戰期間反對政府對社會主義者和反戰運動積極分子的迫害，杜威可以說是一位教學、研究與社會服務兼備的大學者。

日本與中國的講學

　　杜威的哲學思想與教育主張在 20 世紀初便開始遠揚國際，但他從不是一位空守理論的學者，他是一位像墨子一樣的躬行實踐者和推廣者。首先，他應學生之邀，在 1919 年到日本講學三個多月，同年 4 月 27 日應北京大學胡適教授、北京大學校長蔣夢麟以及南京高等師範學校校長郭秉文等的力邀，從日本到中國講學，長達兩年兩個月，足跡遍布大江南北，所至之處深受國人歡迎及感動，他共演講了 58 場，分為五個系列，演講集經收錄出版為《杜威五大演講》，共印行了近十萬冊之多。演講之餘，他經由沿途之深入考察，對中國的政治、社會、科學，特別是教育方面，提出了很多建言，對於中國之發展產生鉅大影響，例如：中央政府於 1922 年所頒布的「新學制」，揭櫫以民主為教育基本原則以及採美式六三三的學制，即為明顯一例。

他的確是一位巨人

　　杜威離開中國回美國任教時，已是日暮之年，但他還是筆耕不輟，並熱心社會改造運動。他的物質生活從不算寬裕，但他的精神生活卻十分的富足。1930 年巴黎大學授予他名譽博士學位。1932 年哈佛大學授予他法學博士學位。同年美國全國教師協會選舉他為該協會兩位名譽主席之一。1935 年，其仰慕者成立會員遍及美國與世界各地的「約翰‧杜威學會」（John Dewey Society）。1949 年杜威 90

歲大壽，世界各主要國家的通訊社都發了專稿，世界各地的政要、知名學者和教育家也都紛紛發來賀電或賀信。

1952 年 6 月 1 日，杜威在家逝世，留下約 40 部著作，700 多篇文章，更有無數的美國及世界各地的學者和教育家，在他的精神感召及思想啟蒙下，至今仍在傳揚他的思想，在熱情地實踐他的理論。偉大的教育家與哲學家杜威，確實是一位時代的巨人。

杜威的教育思想

杜威的教育思想至為淵博，本文限於篇幅，僅簡述國人較耳熟能詳的「兒童中心論」、「教育即生活」、「教育即生長」、「教育即經驗的改造」、「做中學」、「五段思考法」等六個教育思想。

在「兒童中心論」方面，杜威承襲教育家盧梭（Jean-Jacques Rousseau, 1712-1778）以兒童為中心的想法，大聲疾呼教育的重心應由成人為中心轉向以兒童為中心。他認為在教育上，「兒童是太陽」，就像地球會繞著太陽轉動一樣，一切教育的作為皆應以兒童為中心來組織、來發展、來改造。

依據許家琪（2011）的觀點，「教育即生活」係指學校教育應該與學生的生活經驗相連結，不能自外於社會生活而獨立自存；倘若教育與生活脫節，便喪失了其功能與價值。

「教育即生長」係指教育本身並無外在目的，如果有的話，唯一的目的係在促進個體的健全成長，而教育的關鍵係提供適當的環境，引導個體往有價值的方向去發展，使個體的各種能力能不斷地滋長。

「教育即經驗的改造」係指教育是一個持續不斷的過程，過程中，藉由各種問題的解決，不斷地累積自身經驗，擴充知識與技能，提升適應環境的能力，進而發揮改造環境的力量。

「做中學」係指個人經由親自的參與以及實際體驗的學習，深化生活經驗，並有效達成經驗改造的目的。換言之，教育宜「知行合一」，甚至是從「行中求知」，在行動中完成知識與技能的充分發展。

據陳峰津（2011）的觀點，「五段思考法」係指問題的解決可經由下列五個有系統的階段：發覺疑難或問題、確定問題的性質、提出多種假設為可能解決方法或方案、推理或推演假設所應適用的事例、證實假設或重新提出一個新的假設。

向杜威學習

杜威不愧為 20 世紀以來最具影響力的大哲學、大教育家之一。他的學說告訴我們，教育要以學生學習為中心，所有的課程與教學、所有的行政作為，都要時時以學生的學習為念。如果沒有學生的學習，就沒有教師教學的必要；而沒有教師教學，就沒有行政領導的必要。「孩子第一」（kid is first），的確是教育界的至理名言之一。

教師教學的唯一目的既在幫助學生成長，而為了幫助學生健康、有用的成長，教師也要有終身學習的必要性，這也是教師為什麼迫切需要專業發展的立論依據。畢竟，在當今多變、知識半衰期迅速縮短的教育環境，教師是不能夠，也絕不應該「以過去所學的知識，教導

現在的兒童，適應未來的社會」。

　　師資的職前培育固應將「理論融入實務」，而教師的專業成長更應以經驗為中心進行學習，建構個人的教學實務智慧，這樣的學習才具有實用的價值。教師到研究所進修學位、聽學術演講、或者閱讀教育書籍，也許會幫助教師澄清一些理念，幫助教師充實一些先備知識。但是教師應把握每一個實務上的經驗，從親自參與及實際體驗中學習，也就是「以實踐為本位的教師學習」，這種教師學習是當代教師專業發展的主流思潮之一。

　　教師們的專業成長可以多樣化的。他們會有共同的需求，而進行群體式的學習，但是由於每位教師都是獨立的個體，他們自然也會有個別的發展經驗與學習需求，所以教師們亦有必要從個人出發，進行「自我導向學習」（self-directed learning），從了解自身的經驗與需求開始，選擇適合個人的學習經驗內容，實地展開學習的歷程，以促進自我的革新與發展。

　　教師的學習既然強調經驗的重要性，是故「做中學、行中思」遂成為教師學習的最重要途徑。亦即教師個人能從實踐的過程中獲得知識與增長經驗，並培養主動探究的精神與反省思考的態度，從反省思考中改進與深化教學經驗，並達成終身學習的目的。

　　教師的學習也常是問題解決的歷程。每一位教師必然會在教學歷程中遇到各式各樣的問題。問題並不可怕，可怕的是教師沒有發現問題、解決問題的意識和能力，這時杜威的「五段思考法」便是非常有用的工具，它可以幫助教師解決問題和促進專業成長。杜威的「五段思考法」，其實便是當代科學研究，特別是行動研究的濫觴。

教師從事學習的目的固然在適應教職的環境，但亦應有改造教職環境的義務。就像杜威身先士卒地負起改良社會的使命，每一位優秀的教師不應獨善其身，而要發揮教師協作與領導的作用，引導同儕一起進步與成長，以及促進學校的革新與發展，達成「自發、互動、共好」的教育理想。

對教學輔導教師制度的啟示

教學輔導教師（mentor teacher）是當前臺灣教師專業發展的機制之一，其目的係在透過資深優良教師的夥伴協作，攜手教師同儕，共同專業成長，進而提升學生的學習成效。杜威的言行與思想，對於教學輔導教師制度亦有諸多的啟示。

首先，杜威之「篳路藍縷，以啟山林」的精神，非常值得吾輩所學習。就個人而言，筆者從 1999 年參與開創國內的教學輔導教師制度迄今已有 20 年了，開創初期也是不容易的，多年的投入，才能有今日的略有小成，未來能否守得住並發揚光大，能夠成為國內各學校普遍推動的制度，除了機緣之外，更有待更多教育界人士的協同努力。

其次，教學輔導教師制度是一個「貴人啟導」的機制，就像杜威受到三位恩師的影響，才能奠定其後為學及從事教育改革的根基。同樣的，教學輔導教師能夠作為受啟導的夥伴教師之良師益友，是一件既光榮又有福報的工作。是故，在教學輔導教師的培訓課程中，筆者常勉勵學員們要「把愛傳下去」，在教學生涯中，最少要帶好三位夥

伴教師，才不虛此生。

再者，教學輔導教師制度要特別強調「鼓勵的力量」。就像杜威之所以從事哲學事業，和《思辨哲學雜誌》主編哈理斯先生對他的鼓勵和肯定有關，教學輔導教師制度也要特別強調肯定與鼓勵所能帶來的正向力量。不但行政人員要肯定教學輔導教師對於夥伴教師的付出，教學輔導教師也要及時給予夥伴教師肯定和鼓勵，讓夥伴教師有信心和動力應付教學環境的挑戰。

至於對教學輔導教師的啟示而言，教學輔導教師實有終身學習的必要。教學輔導教師除了教學外，主要功能是對夥伴教師的協作領導，而這種協作領導的知識與經驗除了職前培訓之外，還是要不斷的學習與成長的，否則教學輔導教師亦會犯了「以過去所學的知識，教導現在的夥伴教師，適應未來不斷變化的教學環境」。

教學輔導教師對於夥伴教師的輔導要特別強調以夥伴教師為中心的信念，時時關心夥伴教師，處處以夥伴教師的需求，進行教學輔導工作。以夥伴教師的利益為自己的利益，以夥伴教師的成就為自己的成就。這樣的良師益友不但能感動夥伴教師，而且也示範了「以學習者為中心」的理論與實務。

既然教學輔導歷程要以夥伴教師為中心，而每一位夥伴教師都是獨立的個體，他們自然會有個別的發展經驗與學習需求，所以教學輔導教師對夥伴教師宜實施個別式的輔導計畫。計畫中要引導夥伴教師了解自身的經驗與需求，選擇適合個人的學習經驗內容，訂定個人式的專業成長計畫，展開自我導向學習的歷程，以促進自我的革新與發展。

教學輔導教師在輔導時亦宜實施「實踐本位的教師學習」。教學輔導教師不但可示範、傳承自己的教學經驗，而且也可以透過自己的人脈，讓夥伴教師觀摩其他校內外優秀教師的教學經驗，並鼓勵夥伴教師在自己的實際教學情境中，加以反芻與應用，並做深度的反省和思考。經由這種「做中學、行中思」的歷程，將可建構出自己的教學實務智慧。

最後，教學輔導教師要培養夥伴教師解決問題的習慣與能力。「與其給他魚吃，不如教他怎麼釣魚」，是一句至理名言，也是非常適用教學輔導教師這種在教育界上的師徒制。是故教學輔導教師可以教導、示範杜威的問題解決術，並鼓勵夥伴教師能自我覺察與解決自己的教學問題與困境。從解決教學問題中，不斷增益與強大自己的教學能力。

結語

杜威誠為人類航路的燈塔。他所散發的巨大光芒，引領著教育學者繼續發揚其實用主義的微言大義；他所倡導的教改呼聲，喚醒著教育實務人員走向正確光明的教育大道。「哲人雖已遠，典型在夙昔。」其「立德、立言、立功」卻已三不朽。這樣的巨擘型人物，實為人類的瑰寶，更如泰山北斗般，為世人所景仰。

12

海倫・凱勒 生命教育與盲人教育家

　　海倫・凱勒生於一個幸福的家庭，但不幸在二歲的那一年，因病喪失了視力與聽力，墜入了黑暗的深淵。但是海倫・凱勒並不因此懷憂喪志、抑鬱一生，反而表現出樂觀進取、積極奮鬥的人生。她在蘇利文老師的教導和協助下，以無比的毅力，克服了殘障的限制，不但學有所成，而且能夠終身投入盲人的教育與福利事業。她的生命故事鼓舞了無數的世人，也激勵教師們向她光輝燦爛的人生學習。

記得筆者當年在準備第三次大學聯考時，曾在遠東版高中英文課本中，讀過海倫‧凱勒（Helen Adams Keller, 1880-1967）所著的〈假如給我三天的光明〉一文，那時對於海倫‧凱勒珍惜人生、珍惜生命的事蹟，就頗有感觸，也激勵了筆者繼續寒窗苦讀的力量。那時的筆者，覺得人生再怎麼辛苦，也沒有海倫‧凱勒失明失聰的辛苦，而海倫‧凱勒在那樣辛苦的處境下，都能學有所成，而我們這些耳聰目明的學子，只要有她一半的努力，還怕學習不成功嗎？

今天有幸能再次讀到海倫‧凱勒的傳記，深覺她那充滿生命力的故事，對於每一個現代人都是很好的啟發，對於教師專業以及教學輔導教師制度亦頗有啟示作用。故本文先簡述海倫‧凱勒的生平事蹟，再說明就教師專業與教學輔導教師這兩個角度，如何向海倫‧凱勒學習。

幸與不幸的童年

據李漢昭（2013）與謝新吾（2000）的記載，在 1880 年 6 月 27 日，海倫‧凱勒生於美國阿拉巴馬州塔斯堪比亞鎮的一個名門望族，在父母的細心呵護下，滿六個月就能說簡單的詞彙，滿週歲便能學會走路，是個天資聰穎的孩子。

不幸的是，在一歲又七個月的時候，海倫因急性胃病兼血液衝腦症，導致眼耳功能嚴重受損，在什麼也看不見、什麼也聽不見的世界裡，海倫感到極度的恐慌與孤獨，脾氣變得暴躁易怒。所幸在母親慈愛的關照下，給予她在漫漫黑夜中一線的光明，一直到七歲時，幸遇

名師──蘇利文老師（Johanna Mansfield Sullivan, 1866-1936），才徹底改變了她的人生。

人生的轉捩點

在海倫的父母到處為她延請名醫就診，一次次失望後，父母決定改從海倫的教育著手。在電話、電唱機發明人，也是聾啞教育提倡者貝爾博士（Alexander Graham Bell, 1847-1922）的建議下，海倫的父親聯絡到了波士頓波金斯啟明學校（Perkins School for the Blind）的校長，並請校長推薦一位家庭教師。

1887 年 3 月 3 日那天，也是海倫滿七歲前的三個月，蘇利文老師應聘來到海倫的家中，開始帶領海倫走向一個嶄新的世界。蘇利文老師係來自一個貧窮的愛爾蘭移民家庭，母親在她八歲時就去世，父親酗酒，後來才進入帕金斯啟明學校就讀。她是學校的高材生，在該校待了六年，並沒有完全失明，但經常性的失調，影響了雙眼，常會疼痛，因此她對於盲人的痛苦和教育的重要性心有戚戚焉。

起初海倫對蘇利文老師非常任性，並不合作。但蘇利文以無比的愛，溫暖地伸出友誼之手，漸漸地與海倫建立良好的師生關係。之後，蘇利文開始在海倫的手掌寫上字母，教海倫逐字拼寫，並指導海倫將手指放在老師的喉嚨上感覺它的震動來學習「聽話」。至 1888 年，海倫已會寫好幾百個單字，同時可以用點字書寫與閱讀。文字的運用成為她與外界溝通的橋樑。

但蘇利文老師的教育方式並不是灌輸式的，而是因著海倫的生活

需求與興趣，以實物體驗、遊戲、閱讀、寫信等方式來教導海倫學習文字。同時，蘇利文老師帶著海倫走向大自然，發現自然的美，也在自然的環境中學會了划船、游泳、騎單車等運動技能。此外，蘇利文老師亦帶著海倫到處旅行，從旅遊中認識歷史古蹟、學習生物知識、欣賞藝術之美。寓教於樂、寓教於情境是海倫教育成功的關鍵。

在蘇利文老師的幫助下，海倫已經學會了與人溝通的三大工具：聽、讀、寫，但在說話這個能力上，是海倫學習的最大關卡。對於一個正常人來說，學說話是輕鬆平常的事，但對於一個又聾又瞎的孩子，不但難以學說話，運用手語與別人交談也是不可能的事。

但在海倫強烈的學習動機下，海倫十歲時開始學說話，幸運的是，她們找到了一位聲學專家──波士頓盲啞學校（Boston School for Deaf-Mutes）的校長薩拉‧富勒女士（Sarah Fuller, 1836-1927）。在富勒女士有效的指導以及蘇利文老師的鼓勵和協助下，海倫不懈地努力，比常人付出千百倍的時間，練習、練習、再練習。雖然失敗和疲勞常將她絆倒，但最後終於能用嘴巴說話。學會了後，她迫不及待地趕回家，全家為她學習的成就，表達無比的歡欣雀躍。

之後的十多年，在海倫無比的毅力下，她持續努力的學習，陸續學會了英語、法語、德語、希臘語、拉丁語。並且努力用學到的語言，講述自己的真實故事，這種學習經歷激勵著萬千的學子。她的學習成就堪稱是教育史上的奇蹟。

學校的求學生涯

　　1888 年，海倫正式進入波士頓波金斯啟明學校，蘇利文老師陪讀。之後，於 1894 年海倫和蘇利文到紐約的雷特——哈瑪遜啟聰學校（Wright-Humason School for the Deaf）學習發音法和讀唇術。1896 年，海倫決定要讀大學，而且決心要考入哈佛大學（Harvard University）。爲此，她先進入哈佛大學附屬的劍橋女子學校（The Cambridge School Young Ladies）就讀，諸多課程中對於各國語言、文學、史學較有涉獵。

　　到了 1900 年，透過正式的入學考試，成績及格，海倫如願地進入哈佛大學的雷德克利夫學院（Radcliffe College），藉由蘇利文坐在她的身旁，將教授所說的內容用指語拼寫出來傳達給她，她才能稍加理解教授講授的內容。生活的重擔，繁重的學業壓力，加上學習能力上嚴重的弱勢，讓她在大學求學過程中備嘗艱辛，但由於很多朋友在經濟上和心理上的支持、協助和鼓勵，加上海倫不懈的努力，她成爲同年級中優秀的學生之一。1904 年，海倫以優異成績獲得哈佛大學文學學士學位，成爲首位畢業於高等院校的聾盲人，立下了一個在特殊教育史上的典範。

　　在大學裡，文學是海倫的最愛，她除了大量的閱讀之外，更熱愛寫作。自從跟隨蘇利文老師學習後的三個月，她便嘗試用稚嫩的文字寫信給親朋好友，表達她在生活與學習上的感受。到了大學時期，她對語言文字已經有充分的掌握，這時，她在蘇利文老師的鼓勵和協助下，爲一家雜誌社連續五期刊載她的自傳《我生活的故事》（The

Story of My Life）。作品一經發表，立即在美國引起了轟動，被稱爲「世界文學史上無與倫比的傑作」，出版的版本超過百餘種，在世界上產生了巨大的影響力。也借由寫作，她結識了眾多文學界的朋友，其中馬克‧吐溫（Mark Twain, 1835-1910）便與她有眞誠的友誼。「以文會友，以友輔仁」，可說是海倫一生的寫照。

從事助人的事業

據田戰省（2011）的記載，海倫的社會福利和教育事業，始於1903 年（時年 23 歲），當年她加入了以促進盲人福利爲宗旨的「波士頓婦女工商聯盟」，並和會員們一起到議會請願，成功的要求議會成立一個以保護盲人權益而成立的特別委員會。

以這個特別委員會爲起點，海倫全心投入盲人的教育和社會福利事業。1906 年，她經麻薩諸塞州州長的推薦，擔任該州盲人教育委員會委員。爲了要爲盲人服務，她每天都接待來訪的盲人，並回覆雪片一樣飛來的信件。後來，她又在全美及世界各國巡迴演講募款，爲促進實施聾盲人教育和治療計畫而四處奔波。1924 年，海倫所努力提倡的全國性民間組織「美國盲人基金會」（American Foundation for the Blind）終於成立，海倫作爲這個組織領導人之一，畢生持續爲這個組織犧牲奉獻。

儘管聾盲教育與社會福利工作十分忙碌，但她並沒有放棄她一生的最愛 —— 文學寫作，她相繼出版了 14 本著作和諸多論文，例如：《我生活的故事》（*The Story of My Life*, 1902）、《我生活的世

界》（*The World I Live in*, 1908）、《走出黑暗》（*Out of the Dark*, 1913）、《我的宗教》（*My Religion*, 1927），以及最後一本獻給蘇利文老師的《老師》（*Teacher*, 1955）等。許多人爲她的故事而感動掉淚，更有萬千的殘障人士爲她那種殘而不廢的奮鬥精神感召，增進了勇敢生存與奮發向上的力量。

坎坷的人生路

海倫的人生並不是十分順遂。首先，由於對弱勢族群的深切同情，在政治立場上她是偏左的，宣稱自己是一個社會主義者（Socialist），她從大學起，便參與政治，參與社會主義政黨，並於 1920 年代鼓吹婦女投票與參政權、主張女性認識性傳染疾病，並且終生不改其志地反對戰爭與反對種族歧視。由於加入了美國社會黨（Socialist Party of America）和國際產業工人協會（Industrial Workers of the World）等組織，因此受到很多原本支持她的媒體所攻擊，認爲她純潔的心靈受到周遭朋友的汙染。在這樣的攻擊下，海倫仍展現「橫眉冷對千夫指，俯首甘爲孺子牛」的氣度。

另外，除了親朋好友的相繼離世外，最令她難過的是恩師蘇利文的離世。蘇利文老師教導她、引領她、協助她、鼓勵她、安慰她、支持她，是她生命中最大的貴人，是她最知心的朋友。1936 年 10 月 20 日，蘇利文老師不幸因病辭世，海倫悲痛萬分，她在日記中寫道：「極度的悲傷就像是無邊無際的——永恆的黑夜」。

走完燦爛光輝的一生

　　老師不在了，但是海倫決心要把老師給她的愛發揚光大，讓愛永遠的傳下去，所以她還是不辭辛勞地在美國及世界各地訪問和演講，為殘障的人士四處奔走，為不幸的人們服務，直到她生命的終結。

　　1959 年，聯合國發起以她的名字為命名的「海倫‧凱勒運動」，以資助世界各地的聾盲兒童。1960 年，美國海外盲人基金會（American Foundation for Overseas Blind）在海倫 80 歲生日那天，宣布頒發「海倫‧凱勒國際獎」，以獎勵那些為盲人公共事業做出傑出貢獻的人。1971 年，國際獅子會（Lions Clubs International）的國際理事宣布將每年 6 月 1 日定為「海倫‧凱勒紀念日」，並發起全球的獅子會在當日舉辦視力相關的服務活動。

　　海倫‧凱勒在 1968 年 6 月 1 日，平靜地逝世於家中，享年 88 歲，逝世後，她被安葬於華盛頓的美國國家教堂，以表彰她偉大的成就和地位。她曾說：「只要我在呼吸，我將永遠為殘障者服務。」這是何等偉大的胸懷，值得我們向她致崇高的敬意。

向海倫‧凱勒學習

　　作為老師的我們，有許多地方可以向海倫‧凱勒學習。首先，我們可以學習她的生命力和毅力，而在教育崗位上奮戰不懈；我們也可以把她的故事作為生命教育教材，讓學生產生典範學習的作用。她在逆境中力爭上游的精神，那種不向命運屈服的靈魂，不禁讓筆者想起

在一部真實故事改編的電影「打不倒的勇者」中，前南非總統曼德拉（Nelson Rolihlahla Mandela, 1918-2013）所說的一句名言：「我是我命運的主宰，我是我靈魂的統帥。」海倫‧凱勒和曼德拉兩位偉人之所以偉大，都在於他們以無比的毅力和不懈的奮鬥去克服逆境，最後終能功成名就。

其次，我們要向海倫‧凱勒學習終生服務弱勢族群，為弱勢族群發聲的無私作為，進而展現真正的「教育愛」──價值層次低的兒童更需要愛。也就是說，身體殘障、貧苦無依以及處於社會文化不利的兒童，才是老師優先服務的對象。作為老師的我們，要時時關注他們，察覺他們的需求，給予他們更多符合其需要的協助、支持和鼓勵，讓他們在困境中依然能成長茁壯，成為社會的有用人才，這樣的好老師才會讓人記一輩子。

再者，從海倫‧凱勒的老師──蘇利文的教育作為，我們也可以學習到建立師生關係的重要。唯有在良好的師生關係下，教育的發展才會順利。是故老師在教學時，不一定要急著傳授教學內容，而是以建立良好師生關係為首務。在這一點上，蘇利文老師對海倫的溫暖同理，及時伸出友誼的手，但又不失原則地維持學習的常軌，正是我們學習的榜樣。

引發學習動機是我們第二個可以向蘇利文老師學習的地方。蘇利文老師認為只要在學生感興趣的時候，採用最自然的方式教學，所播下的種子終會開花。因此，作為一位成功的老師，要先知道學生的學習興趣和學習能力，然後以學生感興趣和符合其能力的教材教法，引發他們的學習動機，並經由學生學習的成功，維持其強烈的學習

動機。

　　因材施教亦是蘇利文教育的一個特色。她面對海倫這樣的一個特殊的孩子，能夠採取有別於其他孩子的教學策略，引導出海倫的學習潛能，造就其卓越非凡的學習成就。而在我們的教學現場，學生們的學習能力和風格往往有所差異，而要用一種教學方法來對應差異化的學習需求，對學生實在非常不公平。是故在教育上，用多元的教學方法和評量方式，來符應多元的學習需求，才能符合教育的公平正義。

　　「寓教於樂、寓教於情境」的蘇利文教育原則，也是很值得參考的。在教學現場，實物教學、體驗學習、遊戲教學、模擬情境教學等等，都是老師可以考慮採行的教學方法。同時，好老師並不會把教學情境侷限於教室之內。在環境許可下，老師可以帶著學生走向大自然，發現自然的美；走向歷史古蹟，學習在地文化之美；走向博物館，欣賞藝術之美等。

對教學輔導教師制度的啟示

　　教師輔導教師的輔導對象有四：初任教師、新進教師、自願成長的教師以及教學困難的教師。海倫・凱勒的故事對於教學困難的教師是頗具啟發性的。像海倫・凱勒那樣學習官能嚴重受損的人，都能克服學習上的層層障礙，世上的人只要有心解決困難，還有什麼困難不能克服的？在教育領域裡，每位教師都會有遭遇困難的時候，困難並不可怕，可怕的是沒有察覺困難的意識，以及解決困難的態度和毅力。只要有心，有志者事竟成。

就像蘇利文老師對於海倫·凱勒般的貴人啟導歷程，教學困難教師也是迫切需要教學輔導教師的陪伴、支持和輔導，才能順利渡過困難的關卡，而成為適任的教師。對於教學輔導教師而言，輔導教學困難教師，就像輔導學習困難的兒童一樣，更需要愛心與耐心，而如果能把教學困難教師輔導成功，則如醫生治好重症病人，其成就感和價值感，當不言可喻。

輔導教學困難教師不能像輔導一般教師一樣，更需要個別化的輔導計畫以及多樣化的輔導策略。教學輔導教師有必要伸出友誼的手，先和輔導對象建立信任關係，其次協助輔導對象察覺困難之所在，以及詳細診斷造成教學困難的成因，才能提出符合輔導對象需求的多樣化輔導策略，例如：改變教學情境、共同參與研習、示範教學、教學觀察與回饋等。但無論這些策略為何，皆要讓輔導對象在教學現場中，有實際的體驗和練習、再練習的機會。最後，還要協助輔導對象確定困難已經解決了，然後予以肯定和鼓勵。

海倫·凱勒之所以能夠學習成功並有偉大的成就，除了蘇利文老師功不可沒之外，還有諸多友人（例如：貝爾博士和馬克·吐溫）的贊助和支持。同樣的，教學困難教師要能渡過教學難關，除了教學輔導教師的協助之外，更需要學校裡更多教師同儕的協助、鼓勵與支持。在教育上，我們常說：「養育一位孩子，需要一村莊的力量。」（It takes a village to raise a child.），而要輔導一位教學困難教師，也是需要學校裡眾多教師同儕們齊心合力，給予教學困難教師解決困難的信心和力量。

結語

　　海倫・凱勒這位終身在黑暗中為自己、為人類奮戰不懈的偉大女性，不但給予殘障人士無限的激勵力量，而且也留給世人永不消逝的光和熱。無論在特殊教育上和生命教育上，她都是偉大的教育家。她那種無與倫比的信心、毅力和勇氣，以及奮發向上、永不放棄的精神，是值得在教育界的我們，向她致敬與學習。

參考文獻

王熙元（1999）。王守仁。載於王壽南（主編），中國歷代思想家【十三】——陳獻章、王守仁、李贄（頁93-191）。臺北市：臺灣商務印書館。

田戰省（主編）（2011）。影響世界的大教育家。長春市：北方婦女兒童出版社。

江明淵（2006）。民初陶行知、晏陽初——教育理論與民間文學關係研究。臺北市：臺灣學生書局。

吳相湘（1981）。晏陽初傳。臺北市：時報文化。

李園會（1997）。幼兒教育之父——福祿貝爾。臺北市：心理出版社。

李漢昭（2013）（譯）。海倫‧凱勒。臺北市：五南圖書。

周天度（1984）。蔡元培傳。北京市：人民出版社。

周水珍（1996）。陶行知的教育思想與教育改革運動對當前教育的啟示。花蓮師院學報，7，161-182。

林玉体（1980）。西洋教育史。臺北市：文景出版社。

林玉体（1995）。西洋教育思想史。臺北市：三民書局。

林玉体（2011）。西洋教育思想史（修訂三版）。臺北市：三民書局。

洪福財（2004）。陳鶴琴的活教育思想——兼論其幼教啓示。臺北

縣：群英出版社。

孫培青（主編）（2000）。**中國教育史**。上海市：華東師範大學出版社。

許家琪（2011）。杜威的教育哲學對於終身學習之啟示。**育達科大學報，29**，163-176。

郭小平（1998）。**杜威**。香港：中華書局。

郭齊家（1990）。**中國教育思想史**。臺北市：五南圖書。

陳光輝（1986）。生活教育的先驅──陶行知。**教育資料文摘，222**，35-150。

陳峰津（2011）。**杜威教育思想與教育理論**。臺北市：五南圖書。

陶英惠（1999）。蔡元培。載於王壽南（主編），**中國歷代思想家【二十】──孫中山、蔡元培**（頁 153-207）。臺北市：臺灣商務印書館。

楊承彬（1999）。胡適。載於王壽南（主編），**中國歷代思想家【二十四】──胡適、梁漱溟、錢穆**（頁 5-78）。臺北市：臺灣商務印書館。

裘奇（1980）（譯）。**盧梭──名人偉人傳記全集之 75**。臺北市：名人出版社。

維基百科（主編）（2016 年 1 月 24 日）。**晏陽初**。取自 https://zh.wikipedia.org/wiki/%E6%99%8F%E9%99%BD%E5%88%9D

維基百科（主編）（2020 年 1 月 4 日）。**胡適**。取自 https://zh.wikipedia.org/wiki/%E8%83%A1%E9%81%A9

趙祥麟（1995）（主編）。**外國教育家評傳（二）**。臺北市：桂冠

圖書。

劉幸枝（2010）。在曠野中學飛——國際教育使徒柯美紐斯傳。臺
　　北縣：中華福音神學院出版社。

鄭吉雄（1990）。王陽明——躬行實踐的儒者。臺北市：幼獅文化。

謝新吾（2000）。海倫·凱勒——聾盲人士的精神領袖。臺北市：
　　婦女與生活社。

簡湁勤（1987）。陶行知生活教育的理論與實際。國立政治大學歷
　　史學報，**5**，125-158。

國家圖書館出版品預行編目資料

中外教育家的故事：兼論在教師專業與教學
輔導教師制度的啟示／張德銳著. －－初
版.－－臺北市：五南, 2020.10
　　面；　公分
　　ISBN 978-986-522-152-2（平裝）

1.教育家　2.傳記

520.99　　　　　　　　　109010704

112Q

中外教育家的故事
兼論在教師專業與教學輔導教師制度的啟示

作　　　者 ― 張德銳(220)

發 行 人 ― 楊榮川

總 經 理 ― 楊士清

總 編 輯 ― 楊秀麗

副總編輯 ― 黃文瓊

責任編輯 ― 李敏華

封面設計 ― 王麗娟

出 版 者 ― 五南圖書出版股份有限公司

地　　　址：106台北市大安區和平東路二段339號4樓

電　　　話：(02)2705-5066　　傳　　真：(02)2706-6100

網　　　址：http://www.wunan.com.tw

電子郵件：wunan@wunan.com.tw

劃撥帳號：01068953

戶　　　名：五南圖書出版股份有限公司

法律顧問　林勝安律師事務所　林勝安律師

出版日期　2020年10月初版一刷

定　　價　新臺幣300元

經典永恆・名著常在

五十週年的獻禮——經典名著文庫

五南，五十年了，半個世紀，人生旅程的一大半，走過來了。
思索著，邁向百年的未來歷程，能為知識界、文化學術界作些什麼？
在速食文化的生態下，有什麼值得讓人雋永品味的？

歷代經典・當今名著，經過時間的洗禮，千錘百鍊，流傳至今，光芒耀人；
不僅使我們能領悟前人的智慧，同時也增深加廣我們思考的深度與視野。
我們決心投入巨資，有計畫的系統梳選，成立「經典名著文庫」，
希望收入古今中外思想性的、充滿睿智與獨見的經典、名著。
這是一項理想性的、永續性的巨大出版工程。
不在意讀者的眾寡，只考慮它的學術價值，力求完整展現先哲思想的軌跡；
為知識界開啟一片智慧之窗，營造一座百花綻放的世界文明公園，
任君遨遊、取菁吸蜜、嘉惠學子！